Georg von Below

Die landständische Verfassung in Jülich und Berg bis zum Jahre 1511

Teil 1

Georg von Below

Die landständische Verfassung in Jülich und Berg bis zum Jahre 1511
Teil 1

ISBN/EAN: 9783743629783

Hergestellt in Europa, USA, Kanada, Australien, Japan

Cover: Foto ©Suzi / pixelio.de

Weitere Bücher finden Sie auf **www.hansebooks.com**

Die

landständische Verfassung

in

Jülich und Berg bis zum Jahre 1511.

Eine verfassungsgeschichtliche Studie

von

Dr. Georg von Below.

Teil I.
Die ständischen Grundlagen. Die Vorläufer der landständischen Verfassung.

In Kommission von L. Voß & Cie., Königl. Hofbuchdruckern in Düsseldorf.
1885.

Sonderabdruck aus dem XXI. Band der Zeitschrift des Bergischen Geschichtsvereins.

Inhalt.

	Seite
Einleitung	1
Erstes Kapitel. Die ständischen Grundlagen	6
§. 1. Die Zusammensetzung der Ritterschaft	6
§. 2. Die Rechte und Pflichten der Ministerialen	15
§. 3. Die Städte	33
Zweites Kapitel. Die Vorläufer der landständischen Verfassung (dreizehntes und erste Hälfte des vierzehnten Jahrhunderts)	64

Einleitung.

Vorbemerkung. Erklärung der gebrauchten Abkürzungen: Annalen = Annalen des hist. Vereins für den Niederrhein. — Ennen = Ennen und Eckertz, Quellen zur Geschichte der Stadt Köln. — Erk. Bg. = Erkundigung über die Gerichtsverfassung im Herzogtum Berg, in Ztschr. XX, 117 ff. — Gierke = Gierke, das deutsche Genossenschaftsrecht. — Kremer = Kremer, akademische Beiträge zur Gülch- und Bergischen Geschichte. — Lac. = Lacomblet, Urkundenbuch f. d. Gesch. des Niederrheins. — Lac. Arch. = Lacomblet, Archiv f. d. Gesch. des Niederrheins. — Luschin = Luschin v. Ebengreuth, Geschichte des älteren Gerichtswesens in Österreich. — Materialien = Bonn, Kumpel und Fischbach, Materialien zur Geschichte Dürens. — Nijhoff = Nijhoff, Gedenkwaardigheden. — Ritter = Ritter, zur Geschichte deutscher Finanzverwaltung im 16. Jahrh., im Bonner Universitätsprogramm von 1884 August 3. Stellenweise erweiterter Wiederabdruck in Ztschr. XX, 1 ff. Ich citiere nach diesem Abdruck. — Siegel = Siegel, die rechtliche Stellung der Dienstmannen in Österreich, in S.-B. der Wiener Akad. der Wissenschaften, phil.-hist. Klasse, Bd. 102, S. 235—286. — Zeumer = Zeumer, die deutschen Städtesteuern (Schmoller, Forschungen I, 2). — Ztschr. = Zeitschrift des Bergischen Geschichtsvereins. — Das Kölner Dienstrecht citiere ich nach Frensdorff, bei Höhlbaum, Mitteilungen aus dem Stadtarchiv von Köln, Heft II, S. 1 ff. — Bei Citaten aus Urkundenbüchern bedeutet die Zahl stets die Nummer, wenn nicht ausdrücklich „Seite" citiert ist. — Die benutzten ungedruckten Archivalien sind sämtlich aus dem Düsseldorfer Staatsarchiv (abgekürzt: D.). J.-Bg. bedeutet hier: Jülich-Berg; K.: Landtagskommissionsverhandlungen von Jülich-Berg. — Betreffs der Orthographie in Belegen aus Urkunden wende ich diejenigen Grundsätze an, über die ich in der Edition der Landtagsakten von Jülich und Berg (s. A. 9) Rechenschaft geben werde. — Wie allen Benutzern des Düsseldorfer Staatsarchivs, so ist der Vorstand desselben, Herr Geh. Rat Dr. Harleß, auch mir bei meinen archivalischen Studien mit seiner rühmlichst bekannten Liebenswürdigkeit entgegengekommen. Ich benutze hier die Gelegenheit, ihm dafür meinen aufrichtigen Dank zu sagen.

———

Es gehört zu den wichtigsten Thatsachen aus der deutschen Geschichte des 13. Jahrhunderts, daß der deutsche Dynast[1]) den Komplex der Gebiete, in denen ihm die hohe Gerichtsbarkeit zustand,

---

[1]) Ich brauche absichtlich das Wort Dynast statt Landesherr, da es sich hier eben darum handelt festzustellen, inwieweit der deutsche Dynast des 13. Jh. „Landes"herr war.

trotz der großen Verschiedenheit der Rechtstitel doch bereits mit einem gemeinschaftlichen Namen, als „Land", als „Territorium" bezeichnete.²) Allein mindestens ebenso häufig gebrauchte er daneben noch die Bezeichnung nach den verschiedenen Titeln des Besitzes: wie einmal der Graf von Berg sagt, er gewähre dem Kloster Altenberg Freiheit von einer Abgabe für alle Güter, die „in seiner Grafschaft, seinen Vogteien oder wo er sonst ein Recht habe", gelegen seien.³)

Wie aber noch nicht eine einheitliche Bezeichnung des Gebietes, das der Dynast besaß, zur Herrschaft gelangt war, so noch weniger eine solche der Personen, die ihm unterworfen waren. Das regel=
mäßige war, daß er von seinen „Vassallen, Ministerialen, Städtern, Vogteileuten" u. s. w. sprach. Das einzige Wort, mit dem er wol öfters seine Untergebenen zusammenfaßte, war „Getreue".⁴) Am wenigsten war daran zu denken, daß er zur Bezeichnung der=
selben das Wort „Land" oder das Wort „Unterthanen", welches die Unterwerfung unter die Gewalt des Dynasten als Herrn des Landes ausdrückte, verwandte.⁵)

Diesem Sprachgebrauch korrespondierte die Thatsache, daß der Dynast die Rechte, die er über Land oder Leute geltend machte, aus den Spezialtiteln ableitete. Nur die ersten schwachen Anfänge sind vorhanden,⁶) daß er den Besitz des Landes als solchen als

²) Daß die Anfänge dafür schon im 12. Jh. liegen, ist mir natürlich bekannt.
³) Lac. II, 52 A. 1.
⁴) Lac. II, 461: cupientes fidelibus nostris et maxime viris religiosis . . . pacem procurare. Vgl. ebenda 521.
⁵) Wie es seit der Mitte des 14. Jh. Regel wird. Aus der früheren Zeit finde ich in den Urkk. von Jülich und Berg nur eine Stelle, die man geneigt wäre dahin zu rechnen: Ennen II, 299 (1251): es wird ein Bündnis geschlossen inter . . . W. comitem Jul. ac subditos suos sub sua iurisdictione existentes ex una parte et cives Colon. ex altera; obwol hier möglicherweise auch nur a parte potiori die der Herrschaft des Grafen überhaupt unterworfenen Per=
sonen als die seiner Gerichtsherrschaft unterworfenen bezeichnet sind.
⁶) Daß die ersten schwachen Anfänge aber allerdings bereits vorhanden sind, ist nach den Quellen unbestreitbar. Vgl. Lac. II, 140 (1226): König Heinrich verleiht dem Grafen von Jülich die Juden, qui ad terram suam se transtulerint ad manendum. II, 748 (1281): zwei Eheleute bitten den Grafen von Berg, in cuius districtu et territorio dicte decime cum potestate silvatica sunt constitute et site, die Urk. über ihre Schenkung an die Abtei Altenberg zu besiegeln. II, 963 (1296): König Adolf ermächtigt den Grafen von Berg, auctoritate nostra in suo dominio et districtu zu ächten und aus der Acht zu

eine Quelle für Ansprüche über die Landesinsassen ansah. Im weiteren Umfange konnte er das gar nicht, da der Kreis der Landesinsassen keineswegs mit dem der seiner persönlichen Herrschaft unterworfenen Personen identisch war.⁷) Jene Anfänge sind so unbedeutend, daß mit nur sehr geringen Einschränkungen der Satz gilt: die Herrschaft des deutschen Dynasten des 13. Jahrhunderts war ein Konglomerat von Einzelrechten, deren Verbindung nur in der Einheit der berechtigten Person gegeben war.

Bis aus demselben ein Staat geworden ist, hat es langer und ernster Arbeit bedurft. Für den größeren Teil dieser Arbeit schulden wir den Landesherren unsern Dank. Aber sie haben Genossen in ihrer Arbeit gehabt, deren großartige Thätigkeit für die Ausbildung des deutschen Territorialstaats die Forschung in helleres Licht zu stellen erst angefangen hat. Es sind die Landstände. So paradox es klingt: die Landstände, deren Andenken mit der Vorstellung eines engherzigen Egoismus verknüpft ist, haben sich durch die Energie, mit der sie während eines gewissen Zeitraums für das gemeine Beste des Territoriums eingetreten sind, ein nicht hoch genug anzuschlagendes Verdienst in jener Hinsicht erworben.

Mit den Landständen zweier deutscher Territorien, Jülich und Berg, ihrem Aufkommen, ihrer Verfassung und Thätigkeit während des Mittelalters,⁸) soll sich nun auch die vorliegende Untersuchung beschäftigen. Die Auswahl gerade dieser beiden Territorien liegt in einem äußeren Anlaß.⁹) Aber der äußere Anlaß trifft mit einem inneren Grunde zusammen. Wenngleich nämlich Jülich und Berg unter den deutschen Territorien nicht die reichsten Quellen für die

entlassen. III, 47 (1306): der Graf von Jülich soll die Geistlichen in me lande van Gulege ihr Testament machen lassen. Hier handelt es sich überall um Rechte, die auf Grund des Besitzes des Territoriums geltend gemacht werden.

⁷) Vgl. A. 35.
⁸) Genauer: bis zum Jahre 1511. Über diese Abgrenzung s. unten.
⁹) Im Auftrage der Gesellschaft für rheinische Geschichtskunde giebt Herr Prof. Dr. Ritter in Bonn die Landtagsakten der Herzogtümer Jülich und Berg heraus. Die Ausführung der Arbeit hat er mir übertragen (vgl. den 3. Jahresbericht der Gesellschaft S. 13 ff.). Durch die Notwendigkeit einer rechtshistorischen Einleitung für diese Edition nun ist die vorliegende Untersuchung entstanden. — Wie ich in der ganzen mir zugewiesenen Arbeit durch den Rat meines hochverehrten Lehrers unterstützt werde, so bekenne ich auch betreffs der vorliegenden Untersuchung dankbar, daß er mir in mehreren Fragen mit seinem Urteil zur Seite gestanden hat.

Geschichte der Landstände haben, so gehören sie doch zu den recht gut bedachten; Berg insbesondere besitzt eine Quelle (das Ritterbuch), die schon für sich allein zu einer Darstellung der bergischen landständischen Verfassung im Mittelalter herausfordert. Freilich ist der größere Vorrat von eigenen Quellen, der Jülich und Berg auszeichnet, erst für die Zeit seit der Mitte des 14. Jahrhunderts vorhanden; für die vorhergehende Periode wird es darum erforderlich sein, Nachrichten aus andern Territorien zur Ergänzung heranzuziehen. Es wird das aber gestattet sein, wenn nur die Territorien, aus denen die ergänzenden Nachrichten genommen werden, gleiche Lebensbedingungen mit den unserigen haben.

Wir lassen unsere Untersuchung mit einer Darlegung der ständischen Grundlagen beginnen, auf denen sich die landständische Verfassung aufgebaut hat. Zuvor aber stellen wir kurz das Wesen der landständischen Verfassung fest, wie sie das deutsche Mittelalter ausgebildet hat.

Die Landstände des deutschen Mittelalters waren gewisse bevorzugte Klassen eines Territoriums in korporativer Vereinigung, die dem Landesherrn gegenüber das Land vertraten. Freilich war die Art dieser Vertretung prinzipiell von der der modernen Volksvertretung verschieden. Denn zunächst waren die Landstände ebenso wenig wie der Landesherr Organ eines einheitlichen Staates, sondern das mittelalterliche Territorium bestand aus zwei Gliedern, der Landesobrigkeit und den Landständen mit dem von ihnen vertretenen Lande, von welchen beiden Gliedern jedes Träger eines selbständigen Rechtssubjekts war. Die Landstände waren aber auch weiter nicht einmal Organe des von ihnen vertretenen Landes; vielmehr besaßen sie diese Vertretung zu eigenem Recht. Darum bildeten sie nicht, wie die moderne Volksvertretung, ein Kollegium, sondern eine Korporation. Darum zerfiel ihre Korporation, bei der scharfen ständischen Sonderung des Mittelalters, je nach den einzelnen Klassen, aus denen sich die Landstände zusammensetzten, wieder in Unterkorporationen. Darum vertraten die einzelnen Stände und Ständekorpora, während der moderne Volksrepräsentant allein die Allgemeinheit vertritt, zunächst sich selbst, erst dann das Land. Aber sie vertraten es allerdings, und nur durch dieses Moment erwiesen sie sich als Landstände.[10]

---

[10] Vgl. Gierke I, 575 f., 824 ff.; II, 855 ff. — Eichhorn III, S. 223 und 245 bezeichnet die Landstände nicht unpassend als die vollbürtigen Staats-

Man hat früher noch behauptet, es gehöre auch zum Wesen einer landständischen Verfassung, daß die landständische Korporation in einer formellen Einung stehe.[10a] Allein diese Behauptung ist nur die Folge einer zu geringen Berücksichtigung der Entwickelung in den einzelnen Territorien.[10b] Nachweislich sind landständische Korporationen ohne formelle Einung ebenso vollkommen ausgebildet gewesen wie solche, die sich in einer solchen befanden.[10c]

bürger der Landesgemeinde. Während er aber richtig die Gesamtheit der Landesinsassen zu der letzteren rechnet, zählt Gierke I, 537 und 573, der den Ausdruck Landesgemeinde aufnimmt, unbegreiflicherweise nur die Landstände und die Schutzpflichtigen der einzelnen Glieder der Landstände (mit Ausschluß der landesherrlichen Hintersassen) dazu. Ihre eigenen Schutzpflichtigen vertraten ja aber die Stände von jeher, vor der Entstehung einer landständischen Verfassung nicht weniger als nach derselben, ihrem (der Stände) Gerichts-, Lehns-, Dienst-, Stadtherrn gegenüber! Wäre G.s Ansicht richtig, so hätte ja die Ausbildung einer landständischen Verfassung gar nichts neues gebracht Die Annahme, daß Landstände zu einer gewissen Zeit noch nicht das ganze Land vertreten hätten, ist widersinnig. Ist aber G.s Ansicht nicht haltbar, so fallen damit auch seine sämtlichen Ausführungen S. 573—9 und seine auf derselben beruhende Unterscheidung der Entwickelung der landständischen Verfassung nach einer Periode der Landesgemeinde und einer Periode des Staates. Daß eine Steigerung in der Vertretung des Landes durch die Landstände stattgefunden hat, bin ich freilich sehr entfernt zu bestreiten; aber es ist das nur ein quantitativer Unterschied.

[10a] Eichhorn III, S. 223 ff. Diese Behauptung E.s hat Gierke I, 555 ff. endgiltig widerlegt, indem er für eine große Zahl von landständischen Verfassungen nachwies, daß sie ohne dauernde formelle Einung bestanden haben. Indessen auch aus seiner Darstellung gewinnt man die Meinung, daß er das Vorhandensein einer formellen Einung doch noch als das regelmäßige, ordentliche ansieht, während das den thatsächlichen Verhältnissen keineswegs entspricht. — Über die Bedeutung der Einung für die Entstehung der landständischen Verfassung s. unten.

[10b] Eichhorns Behauptung und auch Gierkes teilweise Überschätzung der Einung erklären sich wohl daraus, daß sie zu einseitig ihre Ansichten aus der bairischen landständischen Verfassung, für die allerdings von allen die reichsten Quellen vorhanden sind, abstrahiert haben.

[10c] Man braucht nur an die landständische Verfassung in Österreich zu erinnern, die ohne dauernde formelle Einung war (Gierke I, 560). Auch ist es doch gesucht, wenn Gierke I, 557 das Zurückgehen der landständischen Verfassung in Brandenburg von dem Mangel einer formellen Einung herleitet. In der korporativen Organisation der Landstände war ja schon eine dauernde Vereinigung gegeben; eine zu derselben hinzukommende besondere dauernde Einung konnte also nichts wesentliches mehr hinzubringen.

Kapitel I.
Die ständischen Grundlagen.

§. 1. Die Zusammensetzung der Ritterschaft.

Ein mehr oder weniger bestimmtes Urteil über die Frage, aus welchen Elementen die Ritterschaften der deutschen Territorien hervorgegangen sind, kann man seit dem vorigen Jahrhundert bei jedem Autor finden, der auf die Geschichte des landsässigen Adels zu sprechen kommt; einen Nachweis im einzelnen hat noch niemand erbracht.[11] Versuchen wir, soweit es geht, einen solchen für unsere Territorien.[12]

Im 13. Jahrhundert erwähnen die Grafen von Jülich und Berg in ihren Urkunden mehrfach, daß sie den Rat oder die Zustimmung[13] gewisser Personen bei ihren Regierungshandlungen eingeholt haben. Es werden z. B. genannt: in Jülich 1226 ein Verwandter, ferner die ministeriales et fideles,[14] 1227 die officiales et homines,[15] 1232 ein Verwandter, ferner die fideles et ministeriales,[16] 1234 die fideles;[16a] in Berg 1262 die mage, manne, dinstmanne, burgmanne inde getrue vrunde,[17] 1276 die amici et fideles.[18]

---

[11] Auch Jäger, der in seiner Geschichte b. landständ. Verf. v. Tirol den „sozialen Ständen" einen eigenen Band widmet, setzt die Richtigkeit seiner Ansicht mehr voraus, als daß er sie beweist.

[12] Auf die Verhältnisse in den kleinen Herrschaften, die nach und nach in Jülich und Berg inkorporiert sind, gehe ich nicht ein, da das mangelhaft überlieferte urkundliche Material nicht ausreicht, um zu beurteilen, ob sich in ihnen schon vor ihrer Inkorporation eine wirkliche landständische Verfassung gebildet hat. Über einige hierher gehörige Verhältnisse s. das letzte Kapitel.

[13] Dazwischen wird kein Unterschied gemacht.

[14] Lac. II, 139.

[15] Lae. IV, 653.

[16] Lac. II, 186.

[16a] Lac. II, 197.

[17] Lac. II, 515.

[18] Lac. II, 696 und 846. Andere Beispiele f. unten A. 246—251.

Für Jülich zeigt die Voranstellung der ministeriales und officiales in den Urkunden von 1226 und 1227, daß jedenfalls in diesen beiden Fällen (abgesehen von den Verwandten 1226) nur[18a]) Ministerialen um ihre Zustimmung befragt sind. Allein es bliebe die Möglichkeit, daß in den andern Fällen, z. B. in der Urkunde von 1232, wo fideles voranstehen, neben ihnen an Personen, die nicht im Ministerialitätsverhältnis zu den Grafen standen, zu denken wäre. Und vollends möchte man dieses für Berg vermuten, wo sich kein Beispiel der Voranstellung von Ministerialen findet.

Eine Entscheidung läßt sich nur treffen durch das in der letzteren Zeit von der Forschung in verschiedener Hinsicht angewandte Mittel der Zeugenreihen.[19]) Da nämlich die zugezogenen Zeugen in den einzelnen Urkunden häufig wiederkehren,[20]) und da sie auch einmal als die, die dem Grafen ihren Rat geben, bezeichnet werden,[21]) so darf man wol annehmen, daß der Graf sie nicht nach Willkür auswählte, sondern, ohne daß er eine Verpflichtung dazu hatte,[22]) im wesentlichen dieselben Personen zuzog, deren Zustimmung er auch einzuholen pflegte, daß also aus den Zeugen sich der Stand der letzteren bestimmen läßt.

Nun erscheinen unter den Zeugen[23]) zunächst benachbarte Grafen und andere Dynasten.[24]) Sie waren teils Verwandte

---

[18a]) Sprachlich könnte bei fideles auch an Vertreter der Städte gedacht sein. Da sich jedoch vor der Mitte des 14. Jh. keine Spur von Zuziehung von Städten bei Regierungshandlungen der Grafen findet, so können fideles nur Ritterbürtige sein. Und wenn es nun ministeriales nachgestellt wird, so ist es natürlich Synonymon von ministeriales.
[19]) Vgl. u. a. mein Wahlrecht der Domkapitel (hist. Studien Heft 11) S. 19 ff. und Kruse, Vfgesch. d. Stadt Straßburg 27, dem ich übrigens nicht in allem zustimme.
[20]) Namentlich die Inhaber der Hofämter.
[21]) Lac. II, 193 (1233): testes: ... W. advocatus Aquisgran., C. pincerna de Nideke cum toto consilio comitis. Mag man hier mit v. Maurer, Fronhöfe II, 240 in dem consilium einen engeren Kreis sehen oder einen weiteren (s. unten), immer zeigt die Stelle, daß die als Zeugen zugezogen sind, deren Rat der Graf einholt. Vgl. v. Ledebur, allg. Archiv IX, 282.
[22]) Anders war es bei den geistlichen Zeugen in Bischofsurkunden, s. mein Wahlrecht der Domkapitel a. O., namentlich 20, A. 2.
[23]) Vgl. die Urkunden bei Lac., Kremer u. s. w. Der Raum gestattet nicht, die Zeugenreihen einzeln aufzuführen. Ich bemerke hier nur, daß der Ministerialencharakter von Umbelachen, Hane, Wambeche, de Cimiterio (Ztschr. XX,

unserer Grafen[25]) — diese haben wir ja auch im Text der Urkunde
ausdrücklich als zustimmende bezeichnet gefunden — teils Vassallen
derselben;[26] bei manchen war vielleicht auch (was sich natürlich
nicht feststellen läßt) keines von beiden der Fall.[27]) Außer diesen
Dynasten finden wir aber nicht etwa der Gerichtshoheit[28]) unserer
Grafen unterworfene nobiles,[29]) sondern in Jülich außer zwei

---

78, N. 62) sich daraus ergiebt, daß nach Lac. II, 549 der Vogt von Lülsdorf
(Ministerial nach Lac. II, 544) mit den Umbelachen und Hane verwandt ist.
— Nicht immer ist die Scheidung der Zeugen in nobiles und ministeriales
(milites als Gegensatz gegen nobiles sicher auch = ministeriales) gemacht
(z. B. Lac. II, 82, 361, 558; 274, 543, 544); die Vergleichung der einzelnen
Zeugenreihen stellt aber den Stand der Zeugen sofort klar. Daß einmal ein
Ministerial als nobilis bezeichnet wird (Waitz V, 417; v. Zallinger, Mitteil.
des Instituts IV, 400 A. 1), finde ich in unseren Urkunden nicht; es geschieht
wohl überhaupt häufiger nur in Süddeutschland. Die Inhaber der Hofämter
habe ich stets als Ministerialen angesehen; vgl. Siegel 286. Mit der Stelle
Schwsp. 57, 15, 20 (Wackern.) brauche ich mich hier umsoweniger auseinander-
zusetzen, als sie nur von den Hofbeamten von Fürsten handelt. Sie ist
übrigens wohl nur eine Abstraktion aus den Verhältnissen am bairischen Hofe
(s. über diese Riezler, Gesch. Baierns II, 171). Vgl. noch zu dieser Stelle
Waitz V, 328 und Wackernagel, bes. Dienstmannenrecht S. 13.

[25]) z. B. die Grafen von Hostaden, Eberstein, Kessel; die Herren von
Reifferscheid, Isenburg, Diest, Blankenheim, Vrence.

[26]) Vgl. Lac. II, 361.

[27]) Beispiele bei Ficker, Heerschild 135. Wenn selbständige Dynasten unter
den Zeugen erscheinen, so spricht das umsoweniger (vgl. A. 27) gegen den von
mir angenommenen Charakter des Zeugen, als, wie sich unten ergeben wird,
Zugehörigkeit zum Territorium im 13. Jh. gar nicht Bedingung für den Besitz
des Konsensrechtes ist. — Über die Bedeutung dieser Lehnsverhältnisse in Bezug
auf die Lehre von der Niederung des Heerschilds s. Ficker a. O.

[27]) Auch das Vorkommen solcher Personen als Zeugen würde noch nicht
gegen meine Annahme sprechen, da es sich eben bei der Zuziehung der Zeugen
nur um eine im wesentlichen beachtete Regel handelt.

[28]) Aus naheliegenden Gründen gebrauche ich hier und im folgenden statt
Landeshoheit das Wort Gerichtshoheit.

[29]) Irrig sind Ztschr. XIX, 110 Linnep und Eller (im Widerspruch mit
ebenda 111 A. 1!) als Edelherren bezeichnet; s. Lac. II, 233 und 263; 274.
— Lac. II, 1027 begegnet der nobilis Stecke als fidelis des Grafen von Berg
(nicht als Zeuge). Ob er Dynast war oder nur freier ritterlicher Landsasse, ist
mir unbekannt. Jedenfalls saß er im letzteren Falle nicht in Berg, da die
Stecke sonst regelmäßig im Clevischen vorkommen. — Schließlich sei noch vor
der Vermischung von Edelherrn und Ministerialen, die den gleichen Namen
führen, gewarnt. So wirft z. B. Lac. II, S. 640 unrichtig den Ministerialen
Huggelsvag (II, 556) mit den Edelherren v. Huckenswagen zusammen.

Perſonen von ungewiſſem Stande³⁰) nur Miniſterialen, in Berg außer einer Perſon von ungewiſſem Stande³¹) ebenfalls nur Miniſterialen. Und auch die Perſonen, deren Stand ungewiß iſt, wird man ebendarum eher zu den Miniſterialen als zu den nobiles rechnen müſſen.

Gewinnen wir auf dieſe Weiſe das Reſultat, daß die Grafen von Jülich und Berg neben jenen Dynaſten nur Miniſterialen bei ihren Regierungshandlungen zuzogen, ſo folgt daraus freilich noch nicht, daß dieſe Miniſterialen auch ſämtlich im Miniſterialitäts= verhältnis zu ihnen ſtanden. Vielmehr iſt es wahrſcheinlich, daß ſich unter denſelben eine größere Anzahl von Miniſterialen fremder Herren befand, die zu unſern Grafen nur im Verhältnis der Vaſſallität ſtanden, in den Zeugenreihen natürlich aber unter den Miniſterialen rangieren mußten.³²) Schon im 13. Jahrhundert nehmen nämlich Miniſterialen häufig von fremden Herren Lehen;³³) im 14. iſt es etwas ganz gewöhnliches.³⁴) Und zwar laſſen ſich zwei Klaſſen dieſer Miniſterialen denken: ſolche Miniſterialen fremder Herren, die der Gerichtshoheit unſerer Grafen unterworfen waren,³⁵) und ſolche, die das nicht waren. Allein dieſe Verhältniſſe ſind doch für die oben geſtellte Frage nach dem Urſprung der Ritterſchaft unſerer Territorien nicht relevant. Denn die erſte Klaſſe war offen= bar eine ſehr wenig zahlreiche; ein Teil der zu ihr gehörigen Miniſterialen wird zudem mit der Zeit in den Beſitz des Gerichts= herrn übergegangen ſein. Und die zweite Klaſſe kommt für uns

---

³⁰) Snar: Lac. II, 3; Eſſende: Lac. II, 132, IV, 652.

³¹) Schat: Lac. I, 401.

³²) Eben ihretwegen und der im Lehnsverhältnis ſtehenden Dynaſten wegen ſind wohl auch zum Teil die Ausdrücke „Mannen", „Getreue" in der Zuſtim= mungsformel neben „Dienſtmannen" geſetzt, wenngleich ſie zum andern Teil nur pleonaſtiſch für das letztere gebraucht ſein werden.

³³) 1224 wird der limburgiſche (ſ. Lac. II, 274) Miniſterial Hudo Maurus Lehnsmann des Grafen von Jülich (Lac. II, 112); 1299 der kölniſche (ſ. Kremer I, 14) Miniſterial Burggraf von Drachenfels Lehnsmann des Grafen von Berg (Lac. II, 1045). — Über die Zeit vor dem 13. Jh. ſ. Waitz V, 334 ff. Vgl. A. 106.

³⁴) Das erſieht man ſehr gut aus dem rheingauer Weistum von 1324. Grimm, Weistümer I, 535.

³⁵) Nach Lac. III, 898 (1385) beſitzt der Graf v. d. Mark Leute in Berg (vgl. Seibertz UB. II, S. 273 N. 1 und S. 363). Warum ſollen nun, wenigſtens im 13. Jh., fremde Herren nicht auch Miniſterialen in Berg gehabt haben? Vgl. A. 87.

deshalb hier gar nicht in Betracht, weil wir eben nach dem Ursprung der der Gerichtshoheit unserer Grafen unterworfenen Ritterschaft fragen.

Durch das gewonnene Resultat könnte jemand es aber ferner auch noch nicht für erwiesen halten, daß wirklich keine andern Ritterbürtigen als Ministerialen in dem Gerichtsbezirk unserer Grafen saßen. Es findet sich denn auch in Berg in der That ein nobilis, der der Gerichtshoheit des Grafen untersteht, ohne als Zeuge genannt zu werden.[36] Allein Bedeutung hat auch dieser Einwand nicht. Denn warum sollten die der Gerichtshoheit unterworfenen freien Ritter, wenn es solche in größerer Anzahl gab, unter den Zeugen nicht genannt werden, sondern nur die Ministerialen und die benachbarten Dynasten? Es kann danach kein Zweifel sein, daß die innerhalb unserer Territorien ansässigen Ritterbürtigen im 13. Jahrhundert mit verschwindender Ausnahme im Ministerialitäts=verhältnis zu unsern Grafen standen.

Für das 14. Jahrhundert können wir unsere Untersuchung nicht in der bisherigen Weise fortsetzen, weil einmal die Zeugen mit dem Ende des 13. verschwinden und sodann da, wo gelegentlich einige landsässige Ritterbürtige genannt werden, dieselben nicht nach ihrem Stande bezeichnet werden.[37] Indessen dieser Mangel ist nicht von Belang. Es ist klar, daß in der nächsten Zeit der alte Zustand bestehen bleiben mußte.[38] Und wenn sich nun, wie wir

---

[36] Der vir nobilis de Thiverne. Lac. II, 30 (1210) bestätigt nämlich der Graf von Berg, offenbar als Gerichtsherr, eine Schenkung desselben. — Th. scheint übrigens nicht Lehnsmann des Grafen gewesen zu sein (Lac. I, 521 steht davon nichts). Daß sonst am Niederrhein nobiles von Grafen Lehen nahmen, zeigt Ficker, Heerschild 135. — Lac. I, 448 ist ein Th. Zeuge, aber es ist eine königl. Urk., nicht eine des Grafen von Berg, was Lac. übersieht, wenn er ihn I, S. 864 A. 1. auf Grund derselben zur „bergischen Ritterschaft" rechnet. — Die Herren von Th. haben das 13. Jh. nicht überlebt.

[37] Die Stellen, wo im 14. Jh. noch das Wort Dienstmannen vorkommt, sind außer §. 62 des Ritterbuchs (A. 40): Lac. III, 167 (1318), Ennen IV, 157 (1330), 300 (1348), 418 (1361), V, 2 (1373), welche Urkk. sämtlich die Formel der berg. Urk. von 1262 in A. 17 wiederholen. Ferner bezeichnet dienstludo bei Ennen VI, S. 606 Z. 16 von unten (1397) wahrscheinlich auch die bergischen Ritterbürtigen. Außerdem heißt es noch öfters, daß eine Burg mit ihren Dienstmannen veräußert wird, z. B. Lac. III, 548 (1355); vgl. 621 (1361). Nirgends aber wird das Prädikat namentlich aufgeführten Personen beigelegt.

[38] Es könnten vom Anfang bis zur Mitte des 14. Jh. noch etwa abhängige Personen zur ritterlichen Lebensart übergegangen sein; diese blieben natürlich

später sehen werden, in der Mitte des 14. Jahrhunderts eine Ritterschaft als die die Gesamtheit der innerhalb des Territoriums ansässigen Ritterbürtigen umfassende Genossenschaft konstituierte, so konnte sie dazu kein anderes Material finden als eben die Ministerialen.[39]) Ja die bergische Ritterschaft wird sogar noch von dem (wie unten zu zeigen) erst der zweiten Hälfte des 14. Jahrhunderts angehörigen bergischen Ritterbuch ausdrücklich als aus Dienstmannen bestehend bezeichnet.[40])

abhängig, also Ministerialen. Es könnten ferner etwa noch Schöffenbarfreie (falls es solche nach 1300 noch gab!) zur ritterlichen Lebensart übergegangen und endlich vielleicht städtische Patrizier (stadtkölnische milites als Lehnsleute der Grafen von Jülich und Berg s. Ennen III, S. 166 [1280]) landsässig geworden sein. Daß diese beiden Klassen auch in dem erwähnten Zeitraum in die Ministerialität eingetreten sein müßten, zeigt für Berg die unten angeführte Stelle des Ritterbuchs. Für Jülich haben wir kein solches Zeugnis; bei der Gleichartigkeit der Verhältnisse zwischen Jülich und Berg im übrigen ist aber die Vermutung jedenfalls dafür, daß es in Jülich ebenso gewesen sein müßte, wie in Berg. — Allerdings sind zu Jülich und Berg im 14. Jh. noch die Herrschaften mehrerer kleinerer Dynasten hinzuerworben. Allein es findet sich nicht ein Beispiel, daß die letzteren damit in die Landesritterschaft eingetreten sind. Man muß sich nur vor Verwechselungen hüten. So kommt im 14. Jh. die Herrschaft der Herren v. Brence an Jülich, und später erscheint unter der julicher Ritterschaft eine Familie Raiz v. Frenz. Indessen diese stammt nicht von jenen Dynasten (die vielmehr aussterben) ab, sondern von Kölner Patriziern.

[39]) Wieth, Markgraf Wilhelm von Jülich (münst. Diss. von 1882) S. 59 ff. faßt die Bedeutung der zahlreichen Lehnsauftragungen an die Grafen von Jülich im 14. Jh. (s. das Verzeichnis a. O. S. 60 A. 1) dahin, daß dadurch reichsfreie Geschlechter der Landeshoheit unterworfen wurden. Allein er überhebt sich des Beweises, daß es sich hier nur um reichsfreie Geschlechter handelt. Auch übersieht er, daß die Lehnsauftragung an sich noch keineswegs die Bedeutung hat, daß der Besitzer des Lehens sich damit der Landeshoheit unterordnet. Denn einerseits tragen Personen Lehen auf, die weder vorher noch nachher der Landeshoheit des neuen Lehnsherrn unterworfen sind (z. B. Sayn, Lac. III, 308; vgl. auch oben A. 33 und 34). Andererseits thun es Personen, die auch vorher landsässig waren (z. B.: in Berg: Hurst, Lac. III. 483, Ministerial nach Lac. II, 263; in Jülich: Kinzweiler, Lac. III, 711, Ministerial nach Lac. IV, 653). Auf die unrichtigen Angaben Wieths im einzelnen gehe ich nicht ein. Zur Beleuchtung seiner Urteilsfähigkeit sei nur bemerkt, daß nach ihm sich das bergische Ritterbuch auf reichsfreie Ritter bezieht.

[40]) §. 62: des lautheren dienstluide van der ridderschaft guideren. „Dienstleute von der Ritterschaft" bedeutet ebenso „Ritterschaft", wie das sehr häufige „Freunde von unserm Rate" „Räte" (über Freunde = Räte s. unten). Vgl. noch Urk. von 1397 in A. 37. — Das berg. Ritterbuch, das ich fortan nur nach §§. citiere, steht Lac. Arch. I, 79 ff.

Die so konstatierte Thatsache, daß sich die Ritterschaften in Jülich und Berg bei ihrer Bildung aus den Ministerialenschaften konstituiert haben,⁴¹) genügt für unsern Zweck. Denn da mit dem Beginn des 15. Jahrhunderts⁴²) die Ministerialität erlosch, so ist die Frage nach dem Zusammenhang der ritterschaftlichen Familien der späteren Zeit, also z. B. des 15. und 16. Jahrhunderts, mit alten Ministerialenfamilien nur eine antiquarische. Bemerkt sei jedoch, daß sich für nicht viele der späteren ritterschaftlichen Familien⁴³)

⁴¹) So weit ich urteilen kann, ist es übrigens nicht blos in Jülich und Berg so gewesen. Ich hebe hier nur folgendes hervor. Die „Herren"kurie in Österreich ist nicht, wie Gierke I, 539 A. 15 meint, aus Gliedern des Herrenstandes hervorgegangen, sondern im wesentlichen aus den Ministerialen (Dienstmannen — Dienstherren — Herren; s. darüber Siegel). Wenn ferner bei den Bischofswahlen vielfach von den Laien nur Ministerialen (und Bürger) teilnehmen, nicht aber auch etwa in dem bischöflichen Territorium gesessene freie Ritter, so liegt der Grund dafür gewiß darin, daß es solche in dem betreffenden bischöflichen Territorium überhaupt gar nicht gab (die Existenz solcher habe ich früher der hergebrachten Ansicht folgend irrtümlich in meinem Wahlrecht der Domkapitel S. 3 als selbstverständlich vorausgesetzt).

⁴²) So lange aber hat sie wohl noch Bestand gehabt (jedenfalls viel länger, als die vulgäre Ansicht [Schmoller, Straßburgs Blüte 11] ist). Veräußerungen von Ministerialen aus dem 14. Jh. bis zur Mitte desselben s. bei Riccius, vom Adel 129 ff.; Kindlinger, Hörigkeit S. 415; Seibertz UB. II, 603; Lamey, Gesch. von Ravensberg, cod. dipl. 80, 85, 104, 120, 122, 127; Kindlinger, Manuskr. 158 (1353 Ministerialentausch zwischen Rittberg und Essen). Noch 1404 nimmt der Abt von Werden mehrere Personen in homines ministeriales nostre ecclesie auf, so daß sie und ihre Nachkommen sich aller Rechte der übrigen Ministerialen der Kirche erfreuen sollen (Müller, Güterwesen 437). Vgl. auch Seibertz UB. II, S. 292 ff. und Riezler, Gesch. Baierns II, 514 A. 2. Über unsere Territorien s. A. 51. — Die Stellen der Glosse (Ausg. von Augsburg 1516) zu Ssp. Lbr. II, 12, 2, III, 19 und III, 42 (die Dienstmannen frei und den Schöffenbarfreien ebenbürtig) kommen gegenüber den eben citierten Urkunden umsoweniger in Betracht, als es in den germanisierten Slavenländern, denen ja auch Joh. v. Buch angehörte, Ministerialen gar nicht gegeben hat (s. Hegel, Lbstde. von Mecklenburg 22).

⁴³) Aus dem 15. Jh. (seit Hz. Gerhard 1437—75) haben wir eine Reihe von Verzeichnissen der zu Kriegsdiensten oder zur Musterung aufgebotenen Lehnsleute, die keineswegs mit einem Verzeichnis der Ritterschaft zusammenfallen. Ferner ein Verzeichnis der 1445 zum Hochgericht nach Opladen berufenen bergischen Ritterschaft. Verzeichnisse der zu Landtagen berufenen ganzen Ritterschaft haben wir aus dem 15. Jh. nur: 1) für Berg, von 1463, worüber unten mehr, 2) vielleicht auch eins für Jülich, undatiert, aber nach der Handschrift aus dem 15. Jh. Über Berufungen einer Auswahl der Ritterschaft zu den Landtagen s. unten.

ein solcher Zusammenhang nachweisen läßt. Es hat das seinen Grund einmal darin, daß von den Ministerialen des 13. Jahrhunderts häufig nur die Vornamen bekannt sind und wir über das 14. wegen des Verschwindens der bisher in den Zeugenreihen gegebenen Verzeichnisse nur sehr dürftige Nachrichten besitzen,⁴⁴) ferner darin, daß wol vielfach Namensänderungen stattgefunden haben, endlich darin, daß im Laufe längerer Zeitdauer schließlich doch alte Familien aussterben, außer Landes gehen, neue hinzukommen mußten.⁴⁴ᵃ)

Gehören nun aber im 13. und 14. Jahrhundert die Ritterbürtigen unserer Territorien (abgesehen von dem einen nobilis in Berg) dem Ministerialenstande an, so entsteht die Frage, ob denn dieselben sämtlich aus unfreien Elementen hervorgegangen sind oder ob nicht vielmehr auch Freie in den Territorien gesessen haben, die nachher in die Ministerialität eingetreten sind. Allerdings hatte ja jene große soziale Umwälzung der früheren Jahrhunderte bereits die Masse der Vollfreien in abhängige Stellung herabgedrückt, so daß, als sich der Ritterstand bildete, derselbe sich weitaus der Mehrzahl nach aus abhängigen Personen — eben den fortan so genannten Ministerialen — zusammensetzen mußte; aus abhängigen Personen hat sich die Ministerialität auch in unserer Periode fortgehend ergänzt.⁴⁵) Indessen einen guten Teil Vollfreier ließ jene Umwälzung doch noch übrig — nachweisbar in anderen Territorien des Nieder-

---

⁴⁴) Auch im 14. Jh. werden die Ministerialen mitunter nur nach dem Vornamen genannt, s. den Marschall Peter, Ztschr. XIX, 183.

⁴⁴ᵃ) Unter den nach der Bildung des ritterschaftlichen Korpus eingewanderten Familien mögen dann allerdings auch solche sein, die nicht ministerialischen Ursprung haben. So aller Wahrscheinlichkeit nach die Spee.

⁴⁵) Für das 12. Jh. s. die bekannte Stelle aus den Geschichten von S. Gallen (um 1130), SS. II, 161: cellerarii ecclesiae iura villicationis in modum beneficiorum habere contendebant et contra consuetudinem quidam ex ipsis more nobilium gladium cingebant. Urk. Konrads III. für Korvei bei Ficker, Heerschild 171: de infimo ordine, videl. de litis aut de censuariis, facere ministeriales abbas potestatem habeat. Für d. 13. Jh. s. ebenda das Beispiel aus Münster v. 1238 u. Kindlinger, münst. Beitr. II, 2, S. 271 (1268): der Bischof macht den scultetus einer curtis zum Ministerialen und belehnt ihn mit derselben zu Dienstrecht. Aus Jäger, Tirol I, 431 A. 1 (der Bischof darf die Kinder einer tributaria in ministerialibus [!] sumere, ... si epo ... opus fuerit) sieht man, daß der Herr nach Bedürfnis Kinder von Censualen zu Ministerialen nahm.

rheins,⁴⁶) also gewiß auch in den unserigen. In den letzteren müssen nun dieselben, wenn sie zur ritterlichen Lebensart übergingen, entweder gleich mit diesem Akt⁴⁷) oder nachdem sie eine Zeit lang als freie Ritter gelebt hatten (dann aber noch vor dem 13. Jahrhundert),⁴⁸) in die Ministerialität unserer Grafen eingetreten sein. Haben wir somit ein Aufgehen von freien Elementen in die Ministerialität anzunehmen, so werden wir bei der Vollständigkeit, mit der das geschehen ist, nicht fehl gehen, wenn wir bei unsern Grafen den Grundsatz annehmen, Ritterbürtige in ihren Territorien nur zu dulden, falls sie im Verhältnis der Ministerialität zu ihnen standen. Wir werden auf diese Annahme außerdem durch gewisse Verhältnisse in geistlichen Territorien hingewiesen. In einer Menge von geistlichen Territorien⁴⁹) bestand nämlich der Grundsatz, Stiftsgut nur an Ministerialen des Stifts zu verleihen. Ist nun auch

⁴⁶) In der Übereinkunft des Grafen v. Zütphen-Geldern als des Vogts mit dem Kapitel zu Emmerich v. 1233 (Lac. II, S. 99) wird bestimmt: liberi homines undecumque fuerint... et quandocumque voluerint, libere se cum suis rebus poterunt dare ecclesie Embric. Die Stelle zeigt, daß es noch liberi in größerer Anzahl gab. Übrigens sind die liberi ohne Zweifel schöffenbarfreie Bauern, nicht freie Ritter, da die Entschließungen der letzteren gewiß nicht von den Bestimmungen des Vogts abhängig waren. — Aus Westfalen s. die Urk. für Korvei in A. 45, wo es zuerst heißt: ut liberi homines... se ipsos in proprietatem ipsius ecclesiae ad ius ministerialium tradere liceat.
⁴⁷) Das muß nach A. 46 in großem Umfange geschehen sein. Vgl. auch Ficker auf S. 172 a..E.
⁴⁸) Da es eben mindestens seit dem 13. Jh. nur unfreie Ritterbürtige in unsern Territorien gab.
⁴⁹) Außer den Stellen bei Waitz V. 333 (vgl. Urk. Ottos II ebenda 297 A. 2 und 429) und VI, 76 A. 1 und Matthäi, Klosterpolitik Heinrichs II, S. 28 (dem ich jedoch nicht durchaus an dieser Stelle beistimme) führe ich an: Möser, osnabr. Gesch. III, N. 99 (c. 1201): die bona des Stifts Osnabrück zerfallen in redditus proprii und in bona ministerialium; mit Unrecht hat der Bischof einige der letzteren, quae tamen non nisi ministerialibus concedenda erant, in beneficio nobilibus gegeben. UB. b. L. ob b. Enns II, S. 584: b. Bisch. v. Würzburg verspricht 1216: nullam alienationem, que vulgo dinge dicitur, circa barones terre vel alios faciam vel admittam exceptis ministerialibus ecclesie nostre. Döbner, UB. b. Stbt. Hildesheim, N. 375: bisch. Wahlkapitulation v. 1281: turres castrorum conservabimus fideliter per ministeriales vel litones ecclesie; ... in castris advocatos non instituemus, nisi ministeriales ecclesie. Vgl. auch Schöpflin, Alsatia dipl. I, S. 341: b. Bisch. v. Straßburg verspricht 1220, die straßburger Vogtei nicht an einen König, Herzog oder einen von deren Geschlecht zu veräußern. Vgl. A. 108.

nachweislich dieser Grundsatz vielfach außer Acht gelassen⁴⁹ᵃ) und ist auch das Streben, Lehen nur an die eigenen Ministerialen zu geben, noch nicht vollkommen identisch mit dem bei unseren Grafen angenommenen, so haben wir doch in dem in jenen Stiftern geltenden Grundsatz den Beweis, daß Tendenzen, wie die vermutete, dem Bewußtsein der Zeit nicht fern lagen.⁵⁰)

Um aber diese Tendenz unserer Grafen zu verstehen, um zu begreifen, weshalb sie den freien Ritter, resp. den schöffenbarfreien Bauern, wenn er zur ritterlichen Lebensart übergehen wollte, zum Eintritt in die Ministerialität nötigten, ist es erforderlich, die Stellung ihrer Ministerialen, deren Rechte und Pflichten, zu untersuchen. Jedoch werden wir, indem wir uns jetzt dazu wenden, uns nicht auf diesen Gesichtspunkt beschränken, sondern dabei zugleich gewisse Momente berücksichtigen, die für unsere spätere Darstellung von Wichtigkeit sind.

§. 2. **Die Rechte und Pflichten der Ministerialen.**

I. Die Ministerialen waren unfrei, was seinen deutlichsten Ausdruck darin fand, daß der Herr sie veräußern konnte.⁵¹) Ob und welche Abgaben der Unfreiheit die Ministerialen unserer Grafen zu zahlen verpflichtet waren, läßt sich nicht erkennen.⁵²) Sicher ist, daß sie dem Heiratszwang unterworfen waren.⁵³)

⁴⁹ᵃ) Wie denn ebenso unsere Grafen Lehen nicht bloß an ihre Ministerialen gegeben haben, s. A. 39.

⁵⁰) Daß wir aus weltlichen Territorien nicht ähnliche Nachrichten wie aus geistlichen haben, liegt gewiß nur an der bekannten Verschiedenheit der Überlieferung. Und ganz an Andeutungen fehlt es doch auch aus weltlichen Territorien nicht. Eichhorn II, S. 590 A. y. wundert sich, weshalb der Hz. v. Braunschweig dem Kloster Pölde 1259 auflegt, gerade einen hzgl. Ministerialen zum Vogte zu wählen, und meint, hier könne „Ministerial" nur „Mann" bedeuten [!]. Wir wundern uns nicht, sondern verstehen den Zusammenhang.

⁵¹) Beispiele aus unsern Territorien s. Kremer III, 64 (1241) und 139 (1278) und Ztschr. XX, 100 (1263). Ob man auch Lac. III, 337 (1338) dazu rechnen kann (vgl. Waitz V, 339 A. 1), ist unklar.

⁵²) Es käme namentlich das Heergewäte in Betracht. Dieses soll freilich nach Grimm RA. 568 und Maurenbrecher, rheinprß. Lbrechte I, 78 dem fränkischen Rechtsgebiete ganz fremd sein. Indessen, daß das nicht der Fall, beweisen außer dem Beispiel aus Werden bei Grimm 569 A. 1 (ein anderes Bsp. aus Werden s. bei Müller, Güterwesen 437 [1404]) namentlich die ahrer Dienstrechte (Lac. IV, 624 und 648); denn obgleich nach dem zweiten

II. Aus ihrem Ministerialitätsverhältnis entsprang die Pflicht zum Dienst in den Hofämtern (als Truchseß, Marschall, Kämmerer, Schenk, Küchenmeister).[54]) Bestritten ist es worden, daß sie durch dasselbe zur Übernahme von Ämtern in der lokalen Verwaltung verbunden gewesen seien.[55]) Allein da (von dem Zusammenhang mit der älteren Zeit abgesehen) eine Quelle[56]) das ausdrücklich sagt, und da ferner in ganz Deutschland zu diesen Ämtern nur Ministerialen und zwar nicht gegen Erteilung von Lehen, sondern blos gegen Gewährung des Unterhalts verwandt worden sind, so wird man annehmen müssen, daß der Grund für

die proximi sine hergeweda succedieren sollen, so folgt doch aus der Stelle, daß man auch in Franken Wort und Sache kannte (andere Beispiele aus Franken bei Waitz V, 316). Allerdings aber hat das Heergewäte in Franken nicht die Verbreitung wie namentlich in Sachsen (s. über dieses außer Grimm Riccius, vom landsäss. Abel 155, Ficker, Heerschild 13, Zeumer 83 A. 5 und unten A. 105), und so läßt sich denn über Jülich und Berg nichts sagen.

[53]) Das folgt daraus, daß er im 15. Jh. abgeschafft wurde (s. unten). Selbstverständlich verstehe ich unter Ehezwang nicht die Beschränkung der Verheiratung mit fremden Ministerialen (s. darüber Waitz V, 317 f. und Möser, Osnabr. Gesch. III, Urk. N. 100 [1203]), sondern den Zwang innerhalb der familia der Ministerialen. Über diesen, soweit er auf das Ministerialitätsverhältnis begründet wurde, s. (außer dem Beispiel bei Waitz V, 318 A. 2) Jaffé, Bibl. I, N. 405 (1152); ahrer Dienstrecht von c. 1154 (Lac. IV, 624); si quis meorum meo concessu de meis contraxit matrimonium; Privileg für die „Dienstmannen und Landleute" v. Steiermark (s. über deren Stand von Zallinger, Mitteil. IV, 393 ff.) von 1237, welches u. a. den Ehezwang abschafft (Böhmer-Ficker, Regesten N. 2244). Wie auf das Ministerialitätsverhältnis, so wurde auch auf das Lehnsverhältnis der Ehezwang basiert (Waitz VI, 66), und wenn er nun in unsern Territorien längere Dauer gehabt hat als die Ministerialität (wie eben die Abschaffung erst im 15. Jh. zeigt), so wird er in der letzten Zeit eben auch aus dem Lehnsverhältnis abgeleitet sein. Aber so lange das Ministerialitätsverhältnis bestand, ist er offenbar aus diesem hergeleitet. Ob er eine größere praktische Bedeutung gehabt hat, wissen wir nicht; jedoch zeigen die hier und weiter unten beigebrachten Beispiele, daß er nicht ganz so vereinzelt in Deutschland angewandt ist, wie Homeyer Ssp. II, 2, 375 meint. Auch erstreckt er sich nicht bloß, wie man bisher angenommen hat, auf die Töchter, sondern auch die Söhne (s. insbesondere das ahrer Dienstrecht und die Beispiele unten aus dem 15. Jh.). — Als ein Beispiel praktischer Anwendung aus Berg kann vielleicht gelten Lac. IV, 193 (1429), sicher ebenda 297 (1450).

[54]) Über die Verwendung der Ministerialen in den Hofämtern und in der lokalen Verwaltung an anderm Orte mehr.

[55]) v. Fürth, Ministerialen 235.

[56]) Die leges Burchardi, s. Waitz V, 294 A. 5 und 326 A. 2.

ihre Verwendung in diesen Ämtern regelmäßig in ihrem unfreien Verhältnis gesehen worden ist. Wie lange sie zur Übernahme der Ämter am Hofe und in der lokalen Verwaltung verpflichtet gewesen sind, ist schwer zu sagen; jedenfalls waren sie es wohl noch das ganze 13. Jahrhundert hindurch.[57])

III. Indem wir zur Kriegsdienstpflicht der Ministerialen übergehen, schicken wir einige Bemerkungen über die lehnrechtlichen Pflichten voraus.

Nach gemeinem Lehnrecht besteht eine Pflicht des Vassallen zur Heerfahrt nur für den Reichsdienst.[58]) Weitere Leistungen, wenn sie lehnrechtlich geschützt sein sollten, mußten durch den Lehnsvertrag[59]) begründet werden. Allein daß wenigstens am Anfang des 14. Jahrhunderts als eine regelmäßig in den Lehnsvertrag aufgenommene Bestimmung sich die Verpflichtung zur Landesverteidigung festgesetzt hat, beweist ein Zeugnis gerade aus unsern Gegenden;[60]) ein Zeugnis, welches übrigens zugleich ergibt, daß die Lehnspflicht in der Regel[61]) darauf auch beschränkt war.[62])

[57]) Das möchte ich daraus schließen, daß im 13. Jh. im allgemeinen noch keine andern Personen als Ministerialen in diesen Ämtern verwendet worden sind.

[58]) Homeyer, Ssp. II, 2, S. 377.

[59]) Im Laufe der Zeit, mit der größeren Konsolidierung der Territorien, hat sich freilich auch ein besonderes Landeslehnrecht herausgebildet.

[60]) Lac. III, S. 123: 1317 klagt der Erzb. v. Köln, daß der Gf. v. Jülich zu Frankfurt mit em zu koeren nyet inreyt, worauf ein Schiedsspruch erklärt: kein man ist schuldig zu riden mit sime heren uysher lande, heo in moege in suynderlighen mit verbuyntnisse gewisen, dat hie id schuldig si zu dune. — Kap. 16, §. 3 motiviert der Richtsteig Lehnrechts die Pflicht des Vassallen, seinem Herrn bei der Landesverteidigung beizustehen, damit, daß demselben das Land vom Reiche anvertraut sei. Es ist das aber offenbar nur ein künstlicher Versuch, die Thatsache, daß bereits die Pflicht zur Landesvertheidigung allgemein in den Lehnsvertrag aufgenommen wurde, mit dem alten Satze zu vereinigen, daß der Vassall nur zur Heerfahrt für den Reichsdienst verpflichtet sei. — Vgl. übrigens über den Begriff der Landesverteidigung Kap. II.

[61]) Eins der ältesten Beispiele, in denen die Landesverteidigung als Lehnspflicht hingestellt wird, ist wol das aus der vita Balderici (Mitte des 11. Jh.) bei Waitz VI, 49, A. 3 (vgl. VIII, 153 und 154). Was das Maß von Kriegsdienstpflicht betrifft, das die Lehnbriefe erwähnen, so ist ein Beispiel von ausdrücklicher Beschränkung der Lehnspflicht auf die Landesverteidigung aus unsern Territorien Urk. von 1300 (D., Kartular der Grafen von Jülich N. 99): der dapfer Bongart verspricht, daß dem Gfen v. Jül. aus seinem

Ja, dieselbe Verpflichtung sehen wir auch, wofür sich Spuren bereits aus dem 13. Jahrhundert finden, sogar vom Landrecht anerkannt.⁶³) Fragen wir dem gegenüber nach der dienstrechtlichen Kriegs= pflicht unserer Ministerialen, so besitzen wir die ältesten Nachrichten darüber für Berg in dem erwähnten Ritterbuch, also erst aus dem

Haus zer Heiden kein Schaden geschehn soll; poterit eciam d. comes . . . domum ad terre sue protectionem et defensionem subintrare et exire pro libito. Sonst findet sich in den Lehnbriefen meistens ganz allgemein die Verpflichtung zur Hülfe ausgesprochen. So verbindet sich der Herr zu Dhaun 1325 dem Ofen v. Jül. zur Hilfe mit Rat und That gegen alle seine Gegner, Lac. III, 206. Allein folgt aus solchen allgemeinen Ausdrücken, daß die übernommene Verpflichtung über die der Landesverteidigung hinaus= gegangen ist? Muß man nicht vielmehr diese unbestimmten Wendungen nach solchen Zeugnissen, wie es das in Anmerkung 60 angeführte ist, interpretieren? Daß sprachlich kein Hindernis dagegen vorliegt, zeigt die Urk. über das Bündnis des Grafen von Würtemberg mit dem Pfalzgrafen von 1292 in Qu. und Erört. V, S. 462, wo zunächst von einer ganz allgemeinen Verpflichtung zur Hilfleistung die Rede ist, dann aber mit einem Male sich zeigt, daß die Hilf= leistung sich nur auf die defensio bezieht; es wird also vorausgesetzt, daß der Leser auch an der ersteren Stelle nur an diese beschränkte Hilfleistung gedacht hat. Freilich soll nur behauptet werden, daß die Beschränkung der Pflicht auf die Landesverteidigung beim Lehnsvertrag die Regel ist. Im einzelnen kann natürlich auch eine weitere Verpflichtung statuiert werden. Vgl. A. 105.

⁶⁴) Daß der Reichsdienstpflicht keine ausdrückliche Erwähnung geschieht, ist charakteristisch. Doch wurde sie gewiß als selbstverständlich mitverstanden.

⁶⁵) Jewelk man mut wol helpen weren stede, bürge unde land und lif sines herren unde mages unde mannes und san sines vründes weder herren unde mage unde manne, die sic geweldichliken süken . . ., unde ne dut weder sine trüwe nicht, Sp. Lbr. III, 78, §. 5. Eine Andeutung kann man auch in der Reichssentenz (mit besonderem Bezug auf Lüttich) von 1254 (Böhmer= Ficker, Regesten N. 5174) sehen, daß alle nobiles, comites, vassalli et ministeriales ecclesiarum omnium in imperio existentium et etiam civitates et opida tenentur possessiones, bona, feuda et allodia ecclesiarum contra invasorem quemlibet . . . defensare. Denn wenn hier die gleiche Verpflichtung aller Klassen ausgesprochen wird, so kann man vermuten, daß sie auch einen gleichen, gemeinsamen Grund, der dann eben nur im Landrecht liegen kann, hat; obwohl auch die Vermutung übrig bleibt, daß jeder aus besonderem Grund zu der gemeinsamen Leistung verpflichtet ist. Auf landrechtliche Dienst= pflicht geht wohl auch die Stelle in dem Vergleich zwischen den Herzogen Ludwig und Heinrich von Baiern v. 1276 (Qu. u. Erört. V, S. 276): quilibet liber homo sive ingenuus serviat, cui velit, nisi alteri nostrum ratione domicilii vel antiqui servitii sit astrictus. — Ganz deutlich ist die landrechtliche Verpflichtung im Richtsteig Lehnrechts (2. Hälfte des 14. Jh.) 13, §. 6: Leistet jemand nicht Hilfe to des landes nod, so muß er sich nach Landrecht, nicht nach Lehnrecht verantworten. Vgl. Kap. II.

14. Jahrhundert. Wird hier an der betreffenden Stelle⁶⁴) auch nicht von der Pflicht der Ministerialen als solcher, sondern [von einer Pflicht der "Ritterschaft" gesprochen, so dürfen wir doch ohne Schwierigkeit das Recht der letzteren, da die Glieder derselben, wie bemerkt, an einer andern Stelle des Ritterbuchs als Dienstmannen bezeichnet werden und die Ministerialität als ein eigener Stand bis zum Anfang des 15. Jahrhunderts fortbestand,⁶⁵) als ein ministerialisches ansehen. Hiernach mußte im 14. Jahrhundert der Graf von Berg, wenn er a) mit jemand eine Fehde beginnen wollte,⁶⁶) sich vor dem Forum seiner Ritterschaft dem Gegner gegenüber zu Recht erbieten.⁶⁷) Leistete ihm der Gegner dann nicht Genüge, so war ihm die Ritterschaft zum Kriegsdienst verpflichtet. Doch beschaffte er den Unterhalt für Mann und Roß⁶⁸) und trug etwaige Verluste.⁶⁹) Also der Ritterschaft stand das Urteil über die Rechtmäßigkeit der Fehde zu; und nur wenn sie sie als rechtmäßig anerkannte, trat eine Pflicht ihrerseits ein. Es

⁶⁴) §. 1. Über das Verhältnis dieses §. zu dem ganzen des Ritterbuchs f. unten.

⁶⁵) S. A. 42.

⁶⁶) Wenn der lanthere mit eime andere heren of steden of mit ridderschaft kriegen wilt ind sine ridderschaft biddet zo helpen ind sich verboit eren ind bescheid bi oen zo bliven ind dem geboide auch foulgt; ind wolde eme sin wederpartie dan diss entgan, soulden dan alle sine ridderschaft, stede in lantschaft schuldig sin zo helpen, mallich nae sinre macht; ind hi solde der ridderschaft foeder ind beslag geven ind oen ein guet hopmau sin. Zo unrecht sind si eme nit schuldig zo helpen, wante dat were weder got ind beschaid ind verdomung der sielen.

⁶⁷) So ist doch wol zu erklären nach b. Urk. über das Bündnis des Grafen v. Tecklenburg mit dem v. Berg v. 1371 (Lac. III, 708): will dieser eine Fehde beginnen, so bietet jener recht vur unsen neven; will dann der Gegner gein recht van ieme neimen, so soelen wir ieme helpen. Vgl. auch Lac. II, 781 (1283), Nijhoff I, 67 (1299), Kremer I, N. 85 (1410) u. S. 88 (1429).

⁶⁸) Daß foeder den Unterhalt für den Reiter selbst mitbegreift, ist sprachlich möglich (s. Lac. IV, S. 426 a. E.) und wird durch jene Urkunde von 1371 (A. 67) erwiesen: b. Gf. v. Berg soll uns (den v. Tecl.) voederen ind leveren gelich anderen sinen ritteren ind knechten, die he in sime broede hait. Vgl. auch Post, üb. b. Jobrum (Straßburg 1880) S. 2. — beslag kann man natürlich nicht mit Lac. auf Sattelzeug ausdehnen, denn gewiß erhielten die Ritter nicht erst aus der gräflichen Kammer das Sattelzeug, sondern erschienen mit gesattelten Pferden.

⁶⁹) Dies bedeutet hopman; s. Lac. IV, S. 94 (heufthere gewins ende verlies) u. S. 164; Nijhoff II, N. 116, S. 171 A. 1.

ist klar, daß das Urteil, das sie in diesen doch sehr dem subjektiven Ermessen unterworfenen Sachen sprach, materiell leicht den Charakter einer Bewilligung annehmen konnte. Allein im Prinzip wurde eine Pflicht in jener bedingten Weise allerdings anerkannt.

b) War das aber bei einer Fehde der Fall, so wird die Ritterschaft gewiß — was ohne Zweifel das Ritterbuch, das davon nicht spricht, als selbstverständlich voraussetzt — zum Kriegsdienst bei der Landesverteidigung verpflichtet gewesen sein. Und zwar wird sie hier ihre Dienstleistung nicht erst von einem Rechtsverfahren abhängig gemacht,[70]) hier wahrscheinlich auch den Unterhalt selbst getragen haben.[71]) Nur eine zeitliche Beschränkung, etwa auf 4 oder 6 Wochen, wird man nach Nachrichten aus andern Territorien[72]) anzunehmen haben.

c) Des Reichsdienstes geschieht keine Erwähnung.[73]) — Leider sagt das Ritterbuch nicht, ob die Kriegspflicht der Ministerialen zu seiner Zeit noch als eine rein persönliche oder schon als eine durch den Besitz eines Lehens bedingte angesehen wurde. Indessen müssen

[70]) Wie konnten auch Landeseinsassen bei einem feindlichen Einfall noch erst die Eröffnung eines Rechtsverfahrens verlangen! Ein solches bedingten sich wol fremde Herren in ihren Bündnissen für ihre Hülfe bei einem Überfall; aber auch selbst diese versprachen mitunter bedingungslose Unterstützung, wie die Urk. v. 1292 in Anm. 61 sagt: non facta investigatione aliqua iuris nostri.

[71]) S. A. 81. J. b. Urk. v. 1371 (A. 67), die die Verpflichtungen der beiden Verbündeten offenbar nach Analogie der Verpflichtungen der Ministerialenschaften festsetzt, leistet auch der Gf. v. Tecklbem v. Berg bei der Landesverteidigung Hülfe up uns selfs kost, schaden ind verluis; er erhält nur holz ind ruisvoeder. — Wie im Lauf der Zeit freilich auch bei dem Dienst zur Landesverteidigung vielfach dem Landesherrn die Unterhaltungskosten aufgebürdet wurden, s. bei Homeyer Ssp. II, 2, 379 und Anm. 72 (Tirol, 1406).

[72]) S. A. 75 u. 81. Jäger, Tirol II, 1, S. 241 (1406): in Tirol ist die Ritterschaft nur zur Landesverteidigung bis an die Landesgrenzen einen Monat lang in landesfürstlicher Kost und Zehrung, aber ohne Sold zu dienen verpflichtet. Der nonsbergische Adel dient sogar nur 3 Tage innerhalb Trient und Tirol, allerdings auf eigene Kosten (ebenda 266). — Über eine sehr starke Beschränkung des Dienstes bei der baseler Stiftsmannschaft (um 1351) s. Wackernagel, bas. Dienstmannenrecht S. 25. — Es ist hier wol der Ort, an die wichtige Bemerkung Homeyers (Ssp. II, 2, 379) zu erinnern: „Der Sinn des Satzes, daß der Mann 6 Wochen auf eigene Kosten dienen muß, ist nicht etwa: 6 Wochen muß der Mann auf eigene, nachher auf des Herrn Kosten dienen, sondern: er braucht überhaupt nur 6 Wochen zu dienen und zwar auf eigene Kosten."

[73]) Vgl. A. 62.

wir ohne Zweifel das letztere annehmen, da selbst das dem Ende des 13. Jahrhunderts angehörige tecklenburger Dienstrecht, das sich wegen der Ähnlichkeit der Lebensbedingungen, die für die Grafschaften Tecklenburg und Berg bestanden,[73a)] zur Ergänzung heranziehen läßt, bereits nur eine Kriegspflicht der belehnten Ministerialen kennt.[74)]

Eben die Verhältnisse, wie sie das tecklenburger Dienstrecht schildert, dürfen wir nun wohl auch auf die der bergischen Ministerialen übertragen, wenn wir von dem Zustand etwa der zweiten

[73a)] Die Kriegspflichten der Ministerialen werden an allen deutschen Grafenhöfen je in dieser oder jener Periode natürlich im wesentlichen dieselben gewesen sein. Freilich im wesentlichen nur, d. h. betreffs der großen Fragen, ob die Kriegspflicht eine rein persönliche oder eine durch den Besitz eines Lehens bedingte, ob sie eine beschränkte oder unbeschränkte war; während betreffs der unwichtigeren Fragen, z. B. ob die Kriegspflicht auf 4 oder 6 Wochen beschränkt war, Verschiedenheiten werden obgewaltet haben.

[74)] S. A. 75. — Übrigens erscheint es nach dem teckl. Dienstrecht als Regel, daß jeder Ministerial auch ein Lehen hat. Und dasselbe wird man für Berg annehmen dürfen. Dagegen beweist auch nicht die Thatsache, daß nach dem von Redinghoven angelegten Repertorium über die Lehngüter in Berg (im Düsseld. Staatsarchiv) kaum ⅛ der späteren landtagsfähigen Rittergüter Lehngüter sind. Wol müssen ja, wenn die Ritterschaft aus den Ministerialen hervorgegangen ist und diese sämtlich Lehngüter gehabt haben, die Glieder der Ritterschaft ursprünglich auch sämtlich im Lehnsverhältnis gestanden haben. Aber eben auch nur ursprünglich; im Laufe der Jahrhunderte ist gewiß eine Anzahl ursprünglich lehnrühriger Rittergüter allodificiert (vgl. Zachariä, chursächs. Lehnrecht (Ausg. v. 1796) S. 41; schon das steiermärk. Privileg v. 1237 (oben A. 53) erwähnt die vom Landesherrn zu Eigen erkauften Lehen). Und wenn auch alle ursprünglich Lehnsleute waren, so waren sie es doch weiter nicht für ihren ganzen Besitz. Vielmehr ist bekannt, daß die Ministerialen in sehr großem Umfange Allodialgüter besaßen (Hegel, Städtechroniken, Bd. 14, p. XII). Ihr Lehen bestand nun vielleicht nur in einer Rente, einem Weinberg oder einem einzelnen Morgen Land (s. die Nummern 56, 59, 82 und 87 auf S. 276 u. 277 u. A. 79, 87 u. 131 auf S. 295 u. 297 in dem Lehnsverzeichnis des Grafen v. Arnsberg bei Seibertz UB. II, S. 273 ff.) — diese Stücke aber konnten nicht zu Rittergütern werden, sondern das wurde ihr (größeres) Allod. Oder sie besaßen neben ihrem Allodialgut ein größeres Lehngut; aber bei einer Erbteilung u. s. w. kamen beide auseinander, und der Besitzer des ersteren wurde der Besitzer eines allodialen Rittergutes. Endlich erhebt auch R.s Verzeichnis nicht Anspruch auf absolute Vollständigkeit. — In Jülich sind nach R.s Repertorium die landtagsfähigen Rittergüter fast sämtlich Lehngüter. Dagegen gab es z. B. in Sachsen ähnlich wie in Berg (wenngleich vielleicht nicht in derselben Ausdehnung) auch eine größere Anzahl allodialer Rittergüter (Zachariä a. O.).

Hälfte des 13. Jahrhunderts ein Bild gewinnen wollen. Dieses Dienstrecht ergibt aber eine auffallende Übereinstimmung mit dem Recht der bergischen Ministerialen des 14. Jahrhunderts,[75]) so daß (wenn anders die Verwertung des ersteren für die Erkenntnis der Pflichten der bergischen Ministerialen zulässig ist) wir die Geltung der von dem bergischen Ritterbuch dargestellten Verhältnisse auch im ganzen schon für die 2. Hälfte des 13. Jahrhunderts annehmen müssen. Bei der Landesverteidigung dienen nämlich die tecklenburger Ministerialen vier Wochen und zwar auf eigene Kosten. Bei einer Fehde des Grafen besteht ganz dasselbe Verhältnis wie das vorhin dargelegte. Der Reichsdienst[76]) geschieht auf Kosten des Grafen und ist örtlich beschränkt. Wie bemerkt, ist nur von einer Kriegspflicht der belehnten Ministerialen die Rede.[77])

---

[75]) §. 1: Ministeriales nostri infeodati, cum per nuncium nostrum infeodatum ante ad quatuordecim dies ad nostri castri munitionem vocamus, venire tenentur et per quatuor septimanas residentiam in castro nostro facere propriis expensis, et per hoc per circulum illius anni libertatem nos serviendi consecuti. §. 2: Si fortior nobis vel quicunque nobis vellet inferre violentiam, si de consilio nostrorum ministerialium ipsi iustitiam facere volumus, quamdiu iuris ordinem hoc modo persequimur, praefati nostri infeodati corpore et rebus nobis servire tenentur. Si vero, iuris ordine praetermisso, potestatem agere vellemus praeter nostrorum consilium, a servitio hoc modo nostro sunt immunes. §. 3: Et licet praedicto modo in castris nostris servire teneantur, si tamen extra castra cum ipsis facta nostra disposuimus, in expensis nostris eosdem exhibere tenemur. Eichhorn II, S. 453 n denkt bei §. 1 nur an den ordentlichen Burgdienst. Allein waren denn alle tecklenburger Ministerialen Burgmannen? Man vgl. außerdem die entsprechenden Stellen in der Urk. v. 1371 (A. 67): zu §. 1: Wenn unse neve ein ridende oerloege overveille, so wanne dat wir darzu geheist werden..., so soelen wir ieme senden binnen veirzeinachten 40 gelavien goeder lude in ein sloss, da hie des begert ind ieme noit is. Zu §. 2: wenn fremde Herren uns neven lant, lude of heirschaf hinderen of krencken moichten, darbi soelen wir riden... ind bieden recht vur unsen neven; u. s. w. wie A. 67. Mit Rücksicht auf §. 3 (in castris nostris) und auf die Worte in ein sloss muß man ad nostri castri munitionem doch wol übersetzen: zur Verteidigung eines (beliebigen) Schlosses (nämlich: für welches, in Folge des feindlichen Einfalls, gerade noit is). Ich beziehe also §. 1 auf den Dienst zur Landesverteidigung.
[76]) §. 7.
[77]) Das österreichische Landrecht, auch aus dem 18. Jh., kennt nur eine Dienstpflicht zur Landesverteidigung, Siegel 245. Natürlich aber lassen sich die Verhältnisse der österreichischen Dienstmannen nicht auf die der jülicher und

Gehen wir dagegen in die Zeit von der Mitte des 13. bis etwa zur Mitte des 12. Jahrhunderts zurück und nehmen hier die ahrer Dienstrechte zur Grundlage, so finden wir hier wesentlich andere Verhältnisse. Die Dienstpflicht der ahrer Ministerialen ist eine, wie es scheint,[78]) unbeschränkte. Allerdings trägt der Herr die Unterhaltungskosten in jedem Kriege, auch dem Verteidigungskriege.[79]) Aber dafür sind die Ministerialen auch ohne Rücksicht auf ein gegebenes Lehen zum Dienst verpflichtet.[80])

Für Jülich besitzen wir kein Denkmal, das von einem ministerialischen Rechte spricht.[81]) Indessen werden sich die Verhältnisse der jülicher Ministerialen nicht von denen der bergischen viel unterschieden haben, sodaß wir unsere Darstellung der Verhältnisse in Berg auch wohl für die in Jülich gelten lassen können.

bergischen übertragen. Wenn übrigens v. Zallinger, Mitteil. IV, 432 noch für das 13. Jh. eine unbeschränkte Dienstpflicht der „Ritter" annimmt, so wird dieser Ansicht durch die Interpretation, die Siegel a. O. Anm. 2 der betr. Stelle des Landrechts gibt, widersprochen.

[79]) Das ältere Dienstrecht (von c. 1154) sagt, Lac. IV, 624: pro talibus beneficiis omnes ... debent michi servitium meo victu in cunctis, quibus dominis meis serviturus sum, et ad custodiam castri mei parati erunt ... similiter meo victu. Hier sind nun freilich neben der Landesverteidigung nur die Kriegszüge, die der Graf im Dienste seiner Lehnsherren (das sind offenbar die domini) unternimmt, genannt. Indessen daß dadurch die Kriegspflicht der Ministerialen bei aus eigenem Antrieb des Grafen unternommenen Fehden nicht ausgeschlossen sein soll, scheint mir das jüngere Dienstrecht (v. 1202), Lac. IV, 646, zu ergeben: Si gwerra utrique domino institerit, qui prior eorum ... ministeriales ad suum servicium vocaverit ... ad eum sine offensa alterius transibunt.

[79]) S. A. 78 und Waitz V, 331.

[80]) Wol scheint jene Stelle A. 78 den Dienst als Leistung für die beneficia hinzustellen; allein gleich im nächsten Satz wird bemerkt, daß der Graf die Söhne der Ministerialen zum Dienst verwenden dürfe nur gegen Verpflichtung zu Unterhalt. Vgl. Waitz V, 336. Wenn aber auch jemand meinen sollte, daß sich aus dem ahrer Dienstrecht die persönliche Kriegspflicht der Ministerialen nicht mit voller Evidenz ergebe, so wird sie doch für diese Zeit durch das Kölner Dienstrecht (1154—59) erwiesen, welches, übrigens nur eine Verpflichtung zur Landesverteidigung und bei der Reichsheerfahrt kennend, die erstere sowohl für die beneficiati wie die non beneficiati statuiert (§. 2). Vgl. noch v. Zallinger a. O.

[81]) Sehr wertvolle Nachrichten haben wir über das Maß der Kriegspflicht der Lehnsleute in Jülich, nach dem Erlöschen der Ministerialität. Darüber unten.

IV. Von der Herleitung einer Steuerpflicht aus dem Ministerialitätsverhältnis melden die Quellen nicht.[82]) Da jedoch nachweislich — wenn auch nicht in der Verbreitung, wie man es wol angenommen,[83]) so doch hie und da — auf das Vassalitätsverhältnis eine Steuerpflicht im Mittelalter begründet ist, so mag das auch bei dem Ministerialitätsverhältnis mitunter der Fall gewesen sein. Es würde dann etwa diese Pflicht für gewisse herkömmliche Fälle, wie Gefangenschaft des Herrn, Verheiratung seiner Kinder,[84]) bestanden haben, jedoch so, daß jedesmal im einzelnen Fall noch eine besondere Bewilligung der Ministerialen notwendig war.[85])

V. Namentlich der Kriegsdienst, den die Ministerialen leisteten, hob nun aber ihre Stellung außerordentlich. In ihrer Eigenschaft als Krieger näherten sie sich den ritterbürtigen Freien und bildeten mit ihnen den Ritterstand. Als Ritter genossen sie gewisse Vorrechte, denen wir uns jetzt zuwenden. Sie besaßen als solche das Fehderecht;[86]) ferner den Vorzug des Gerichtsstandes vor dem Herrn.[87])

[82]) Allerdings erwähnt das bergische Ritterbuch eine Steuerpflicht (§. 3). Aber wenn man auch wol überall, wo im Ritterbuch von dem Recht der Ritterschaft die Rede ist, falls nicht das Gegenteil gesagt wird, an Ministerialenrecht zu denken hat, so wird doch an dieser Stelle eben das Gegenteil gesagt: ganz deutlich wird die Steuerpflicht, der die Ritterschaft unterworfen ist, nicht auf ihr Ministerialitätsverhältnis, sondern auf die Idee der Landesnot begründet.

[83]) Nach Eichhorn II, 459 müßte man annehmen, daß Lehnssteuern etwas ganz gewöhnliches in Deutschland gewesen sind. Aber das heißt die Bedeutung der Landstände unterschätzen: erst im Verlauf der landständischen Entwickelung sind die Ritterbürtigen in größerem Maße zu Steuern herangezogen. Fälle, in denen die Steuerpflicht wirklich auf das Lehnsverhältnis begründet wird, giebt es wohl nur sehr wenige. Man kann dahin rechnen die Fälle, die Gerden, vermischte Abhandl. II, S. 87 ff. aufzählt (1311 eine precaria pheodalis genannt). Ferner vielleicht die Steuern, welche das Priv. für die Vassallen in Guoien v. 1276 (mecklenb. UB. II, 1413) und das für die in Boizenburg von 1279 (Urkfammlung b. schlesw.-holst.-lauenb. Gesellsch. I, 98) erwähnt. Vgl. Homeyer Ssp. II. 2, 383 über Ssp. Lr. 66, §. 5 (mit gift dienen). — Von der Heersteuer, die nur ein Surrogat des zu leistenden Kriegsdienstes ist, handle ich nicht, da es der Zusammenhang der Darstellung nicht erfordert.

[84]) Diese werden in dem Priv. v. 1279 (s. A. 83) genannt.

[85]) In dem Priv. v. 1279 heißt es: in den bezeichneten Fällen sei es dem Herrn gestattet zu bitten (petere), ut nobis subveniatur in subsidium. Ebenso scheint die Ssp. Lr. 66, §. 5 erwähnte Steuer einen freiwilligen Charakter zu haben.

[86]) Vgl. tedl. Dienstrecht §. 8 mit dem bergischen Ritterbuch §. 46.

Von besonderem Interesse aber ist speziell für uns ihre Befreiung von den im Zusammenhang mit der Entstehung der Landeshoheit eingeführten Abgaben und Leistungen.

Um nämlich die Mittel für die Bestreitung der Aufwendungen, die die Aufgaben der aufkommenden Landeshoheit mit sich brachten, zu beschaffen, führten die Landesherren in ihren Jurisdiktionsbezirken auf Grund der Jurisdiktion[88]) eigenmächtig (nur in einigen Fällen[89]) zugleich kraft königlichen Privilegs) gewisse Abgaben und

---

[87]) Zu dem Gedanken s. Kühns, Gerichtsverfassung in Brandenburg I, 201 und Luschin 47. Schon in Urk. v. 1020 (Lac. I, 157) heißt es: legitimi servientes, qui neque censum capitis solvunt neque placitum alicuius advocati servant. Vgl. Waitz VIII, 72 und das Hildesheimer Dienstrecht bei Kraut, Grundriß (4. Aufl.) S. 76, Z. 28 f. Eine große Zahl von besonderen Rittergerichten findet man bei Stölzel, gelehrtes Richtertum I, 266 ff. verzeichnet. Über den Gerichtsstand der Ministerialen in Jülich und Berg unten. Die Bedeutung, den Ritterbürtigen den Gerichtsstand vor dem Herrn zu sichern, hat wohl auch der bekannte Satz: ad centas nullus synodalis vocetur (im statutum in favorem principum, bestätigt durch die curia Sibidati, LL. II, p. 282 und 291); denn daß synodalis = ritterlich ist, hat v. Zallinger, Ministeriales und Milites 77 ff. nachgewiesen. — Bei Ministerialen, die außerhalb des Territoriums saßen (f. A. 35), konnte es zweifelhaft sein, ob sie ihren Gerichtsstand vor ihrem Eigenherrn oder vor dem Landesherrn, in dessen Gerichtsbezirk sie saßen, haben sollten. Auf diesen Konflikt geht offenbar §. 8 des kölner Dienstrechts, wo behauptet wird: nobiles terre Colon. (d. h. die Grafen von Jülich, Sayn u. s. w., f. Lac. I, 557), qui iurisdicionem in locis et terminis suis habent, nulla ratione habeant iudicare ministeriales b. Petri de allodiis et de capitibus suis; sed si aliquid contra eos habuerint, quod vel personas vel allodia eorum tangat, coram domino suo aeqo querimoniam de eis proponant. Frensdorff S. 15 u. 20 scheint die Behauptung des Dienstrechtes als begründet anzuerkennen.

[88]) Vgl. Urk. v. 1216 bei Lac. II, 59, welche als Befugnisse, die auf Grund der Vogtei in Anspruch genommen werden, nennt: homines ecclesie in exactionibus, in petitionibus vel hospitationibus vel aliis quibuslibet angariis vel incomodis gravare. Über die im folgenden aufgezählten Abgaben und Leistungen (u. a. auch den Zusammenhang des Futterhafers mit dem alten fodrum) an anderm Orte mehr. Hier bemerke ich nur, daß ich Ritter entschieden beistimmen zu müssen glaube, wenn er S. 15 im Gegensatz zu Waitz VIII, 398 A. 4 den Schatz als auf Grund der Gerichtsgewalt erhoben und deshalb als eine öffentliche Abgabe bezeichnet.

[89]) Nämlich beim Zoll und der Accise. Ein königl. Zoll- und Acciseprivileg s. Lac. III, 326 (Ritter 18). Ein ähnliches königl. Accieprivileg für Lüttich v. 1252 s. Böhmer-Ficker, Regesten N. 5056. Mehrere königl. Zollprivilegien für Berg s. bei Gengler, codex S. 936 u. 938 ff. Über den Zusammenhang von Zoll und Accise s. Zeumer 91 f. und unten A. 260. —

Leistungen ein. Unter den Geldabgaben steht in erster Linie eine, die in älterer Zeit regelmäßig Bede (petitio), in späterer Zeit regelmäßig Schatz⁹⁰) genannt wurde. Sie wurde in Jülich zu zwei

---

Freilich waren königliche Privilegien keineswegs der einzige Grund, auf den hin die Landesherren Zoll und Accise einführten. Schon durch die constitutio pacis von 1235 §. 6 (LL. II, 315) wird eigentlich ein Recht der Landesherren anerkannt, eigenmächtig von ihren Unterthanen ungelt zu erheben. Und der Gf. v. Jülich hat auch schon lange vor jenem königl. Privileg einen Zoll in seinem Lande (1288 zu Birkesdorf, Kremer III, 164).

⁹⁰) Zur Rechtfertigung dafür, daß ich hier und fortan Bede und Schatz synonym brauche, bemerke ich: v. Maurer, Stadtverf. III, 526 und Zeumer 3 f. und 18 haben die Worte petitio und exactio (Schatz) als synonym angesehen. Dagegen hat dann Ritter 14, A. 2 und 15 Bede einerseits und Schatz andererseits auseinandergehalten. Nun ist es zwar richtig, daß von dem Schatz noch eine andere „Bede" genannte Abgabe mitunter bestimmt geschieden wird (vgl. Lac. Arch. III, 352). Allein solche Fälle finden sich doch nicht oft. Denn von den freilich zahlreichen Urkunden, in denen ganz allgemein von Befreiung von „petitio und exactio" die Rede ist, ist hier abzusehen, da die von Zeumer a. O. beigebrachten Beispiele (die sich noch sehr vermehren ließen) zu der Vermutung berechtigen, daß es sich bei so allgemein gehaltenen Wendungen um einen Pleonasmus handelt. Von jenen vereinzelten Fällen und diesen Angaben, die doch wenigstens nichts beweisen, abgesehen, wird vielmehr nur eine Abgabe genannt, und zwar nennen die Nachrichten aus einer älteren Periode — bis etwa zum Ende des 14. Jh. — eine „Bede", die aus einer jüngeren einen „Schatz"; insbesondere erfolgen Anweisungen (die ein besseres Beweismaterial sind als die Befreiungen, wo die Versuchung zum pleonastischen Ausdruck nahe lag) in der älteren Zeit auf die „Bede" (vgl. z. B. Lac. III, 644), in der jüngeren auf den „Schatz". So kommt man auf die Vermutung, daß Bede und Schatz nur verschiedene Namen für ein und dieselbe Abgabe sind. Oder soll man etwa annehmen, daß die alte Bede vollständig verschwunden ist und dagegen eine neue Abgabe, der Schatz, aufgekommen ist? Diese Erklärung hat gewiß viel weniger für sich als die Annahme eines Namenswechsels. Ein solcher aber erklärt sich sehr leicht, wenn man bedenkt, daß die mit dem Wort petitio ursprünglich verbundene Vorstellung (Zeumer 37) allmählich in Vergessenheit geraten mußte, und daß ferner seit dem 14. Jh. mit den landständischen Steuerbewilligungen eine Bede ganz neuer Art aufkam, die dem alten Namen Bede Konkurrenz machte. Gegen die Identität von Bede und Schatz spricht es auch nicht, wenn da, wo in der älteren Zeit die Bede vorbehalten wird (Urkunden darüber sind übrigens leider nur wenig vorhanden), sich später die Abgabe des Schatzes nicht findet. So wird 1263 von dem Hof des Klosters Bottenbroich in Niederembt (Amt Bergheim) die precaria authumnalis (3 den. und 1 obulus) vorbehalten (D., Ms., A. 253, fol. 56); nach der Deskription des Amts Bergheim v. 1669 aber ist der Hof schatzfrei. Ferner werden in einer Anzahl Bergischer Städte (f. A. 142 und 143) die Herbstbeden vorbehalten; in den späteren (übrigens erst seit dem 17. Jh.

Terminen jährlich, Mai und Herbst, in Berg meistens zu dreien,⁹¹) Lichtmeß, Mai und Herbst, gezahlt. Von andern Geldabgaben erwähne ich das Fleischgeld.⁹²) Unter den Naturalabgaben ist namentlich von Wichtigkeit der Futterhafer,⁹³) der sich allgemein⁹⁴)

(sporadisch, vollständig erst seit der Mitte des 18. Jh. erhaltenen) Amtsrechnungen aber habe ich nicht finden können, daß sie Schatz zahlen. Allein ebensowenig zahlen sie und jener Hof später eine Bede. Aus dem Schweigen der Amtsrechnungen läßt sich also nichts weiter schließen, als daß ihnen die vorbehaltene Abgabe im Laufe der Zeit erlassen sein muß, wie wir denn auch dafür ein bestimmtes Beispiel haben (1403 erläßt Adolf von Berg der Stadt Düsseldorf die Abgabe, die von dem Dorfe Bill für seine Aufnahme in die Stadtfreiheit bis dahin jährlich gezahlt wurde, s. Gengler codex 941). Ein Hindernis aber, in der vorbehaltenen Abgabe jener Städte den Schatz zu sehen, liegt umsoweniger vor, als andere Städte nachweislich denselben gezahlt haben (Jülich, Euskirchen, Aldenhoven, Gräfrath, s. A. 144—7).

⁹¹) Vgl. Kessel, Ratingen II, 40 (1392): onse erfsomen zo drien ziden des jairs, also as die alsdan gewonlich gevallent boven ind beneden in nsme lande van deme Berge.

⁹²) Das Fleischgeld wird in den Bergischen Amtsrechnungen häufig genannt, mit dem Schatz zusammen erhoben. Es ist eine Abgabe, die im fünfzehnten Jahrhundert an die Stelle von Naturallieferungen für die Küche des Landesherrn getreten ist. Weiter führe ich noch an: 1. Das Fuhrgeld. Über dieses sagt das Lagerbuch der Kellnerei Angermund v. 1634, fol. 41: im Amt A. zahlen die Honschaften Höffel und Hasselbeck je 1, die Honschaft Beltscheit ½ raderguld. jährlich zu Martini an den Kellner, welches das furgelt genant, so von jedes orts zeitlichen honnen empfangen wirt. Dieses scheint seinen Ursprung in der Umwandlung von Diensten in eine Geldleistung zu haben (s. Kessel, Ratingen II, 35 (1387), wo Güter von Ratinger Burgern van allen herendienste, schetzungen, voiren befreit werden); und zwar sind die Dienste wol dieselben wie die A. 95 und 96 genannten. 2. Das Pfenningsgeld (vgl. Ritter 18). Ein solches zahlt im Amt A. die Honschaft Velbert, indem sie jährlich an den Kellner mit der fuederhabern 22 den. brab., welche von den zeitlichen honnen erlagt werden, liefern muß. 3. Das Roggengeld, seltener als das Fleischgeld in den berg. Amtsrechnungen begegnend, auch mit dem Schatz zusammen erhoben. 4. Die Bede, wo sie ausdrücklich neben dem Schatz genannt wird (s. A. 90 u. Ritter 19). Vgl. noch unten A. 139 ff.

⁹³) Eine andere Naturalabgabe sind die grevenhoner, über welche jenes Lagerbuch (s. A. 92) fol. 218 sagt: Im Amt A. ist von alters herkommen und preuchlich, dass von jedem schatzgut, alda rauch aufgehet, neben dem schatz jedesmalen 1 hoen, nemblich zu herbst, lichtmess und mei und also in 3 terminen 3 honer, wie auch von jedem koten oder behaussung 1 hoen erhaben und gelievert werden, ausserhalb dass wegen scheffen und honnen für ire arbeit und aufheben jedesmals eins, wie auch wegen krancken und craemfrawen (das ist: im Kindbett liegenden) abgezogen wirt.

freilich nur in Berg findet. Daneben stehen die indirekten Abgaben des Zolls und der Accise.⁹⁴ᵃ) In ie Klasse der Dienste gehören: die Stellung von Heerwagen zum Transport,⁹⁵) die Stellung der technisch so genannten Dienstwagen zunächst beim Bau von landes= herrlichen Schlössern,⁹⁶) aber auch für die Ökonomie des Schlosses,⁹⁷) die Pflicht zur Beherbergung.⁹⁸) ⁹⁹)

⁹⁴) In Jülich wird vereinzelt (Lac. III, 529 u. Arch. III, 353) der Vogt= hafer genannt, den v. Maurer, Fronhöfe III, 365 f. (m. E. nicht ganz mit Recht) für identisch mit dem Futterhafer erklärt. Anders benannte Haferabgaben im Jülichschen f. Materialien 217, Annalen VI, 22 (vroenhaver), Lac. Arch. III, 371, Ritter 18.

⁹⁴ᵃ) S. A. 89, 227—234.

⁹⁵) Wie die Pflicht zur Stellung von Heerwagen mit andern öffentlichen Pflichten zusammengebracht wurde, zeigt z. B. ein Bericht des Amtmanns v. Randerath v. 1537: der 2 im Stift Münster gelegenen Klöstern gehörige Hof zu Lieffart hat bei einem Feldzug 1 Heerwagen und, wanneir einer gerecht- firdiget wirt, ein rat und al gereitscaf, dairzu van noiden, bizustellen (D., Ms. A. 258, fol. 123). — Über die Verwendung der Heerwagen f. Fahne, die Grafen v. Bocholtz I, 1, S. 323.

⁹⁶) Bericht über die Dienste im Amt Montjoie v. 1536 (a. O. fol. 92): Alle, de gespan haiffen, ... sint van altz her verplicht und verbunden uf dat sloss mins g. h. zu diennen; und dat ist mit underscheit: ein ort ist schuldich bouwholtz, dat ander, wes zum bouw van noeden ist, und fort anderen allerlei profanden und etlichen allerlei fruichten und de freien den win. Jener Bericht über Randerath (A. 95): Das Kloster Heinsberg helt 1 dienstwaegen ain der borch zu R., der barnholtz und bouwholtz, ouch die fruchten van Prumen und wes forder ain der borch vurs. van noeden, zufoert. Über den Zusammenhang dieses Dienstes mit dem Schatz f. außer dem Bsp. v. 1216 in A. 88 (angariae) einen Bericht über das Amt Bergheim v. 1475—1511 (a. O. fol. 2): 6 Kirchspiele im Amt B. müssen mit je 1 Wagen bienen zo noeden binnen lantz zor huiskost of anders ind dat zo selt [!] malen ua gelege irs schatz. Auch Urk. v. 1280 im medlb. UB. II, 1348 (omne genus exactionis, precarie et parangarie).

⁹⁷) S. A. 96.

⁹⁸) S. A. 88 u. 99 (Urk. v. 1430). — Wie herberge auch „auf das ganze Land gesetzt" (Ssp. Lbr. III, 91, §. 3 u. unten A. 252) wurde, ersieht man gut aus Urk. v. 1283 bei Lac. II, 190: der Gf. v. Geldern soll von den homines ecclesie Embric. kein servitium fordern, nisi forte hospicia ab eis recipiat, cum urgente necessitate communiter recipiat in terra et a suis et ab aliis indifferenter. Vgl. auch die Stellen aus bairischen Landfrieden bei Zöpfl, Altertümer II, 318.

⁹⁹) Übrigens herrschte eine große Ungleichmäßigkeit in dem Maß der Ver= pflichtung zu jenen Leistungen. So gab es z. B. im ganzen Amte Randerath nur 1 Heerwagen (Bericht von 1475—1511, a. O. fol. 7 b). In Stadt und Amt Euskirchen gab es sogar gar keine deinstwagen, heerwagen oder

Von allen diesen Rechten nun ist die Ritterschaft in unsern Territorien befreit gewesen.[100]) Die Befreiung der Ritterbürtigen insbesondere von der Abgabe des Schatzes ist vorbildlich[101]) — kaeren (Weistum v. 1536, a. O. fol. 9!; das Amt C. war freilich sehr klein und die Stadt als solche von diesen Leistungen befreit, s. A. 158). Diese Ungleichmäßigkeit hatte ihre Ursache teils wol darin, daß es den Landesherren nicht überall gelungen war, ihre Ansprüche durchzusetzen oder sie auch vielleicht nicht überall Versuche dazu gemacht hatten, teils aber auch in Ablösungen. Für das letztere hier einige Belege: Urk. Johanns v. Lom v. 1430 (a. O. fol. 29): Das Kloster Aldenberg gibt ihm jährlich von dem Hofe Böcheim (Amt Bergheim) 25 Gulden vur den dienst ind gesterie, die man uns uiss dem hoive vurs. schuldich is zu doin ind zu halden; diese 25 G. läßt er nun durch Zahlung von 300 G. ablösen. Bericht über die Dienste in Heinsberg (von 1484—1511; a. O. fol. 8): im ganzen Lande H. sind keine Heer- und Dienstwagen voirder, dan s. f. g. braut zo uire hoegeziden up de burch zo foeren ind s. g. heuwe uiss den beuden in de schuire, want de vurheren s'lantz H. haven ein gelt jairs vur den dienst genomen, as sich jairs inhalt der rechenschaft noch befint. Ein sehr frühes Beispiel von Ablosung s. Waitz VIII, 211 A. 9. Vgl. auch Schmoller, Straßburgs Blüte 19.

[100]) Über Schatzfreiheit der Ritterschaft s. bergisches Ritterbuch §. 48 und Ritter 15 f., welcher auch über die Frage handelt, welche von den von Ritterbürtigen besessenen Gütern Schatzfreiheit genossen. In der Mark war nach Priv. v. 1280 der Ritter für 6, der Knappe für 4 Hufen, die er unter dem Pflug hat, von der „ordentlichen Bede" [d. h. Schatz] frei (s. von Mülverstedt, Landstände v. Brandenburg 187). Eine solche Bemessung nach der Hufenzahl ist unsern Territorien unbekannt. — Beispiele, wo ausdrücklich die Schatzfreiheit auf den Reiterdienst begründet wird, s. bei Zeumer 83. Dasselbe geschieht in dem allerdings späten wassenberger Weistum, Lac. Arch. VII, 126 ff. Vgl. Riezler, Gesch. Baierns II, S. 180 A. 3.

Über Zollfreiheit der Ritterschaft s. Ssp. Lbr. II, 27. Jüngeres kölner Dienstrecht §. 11. Baseler Dienstmannenrecht §. 9 (Wackern. S. 18). Tecklenb. Dienstrecht §. 16. Bergisches Ritterbuch §. 49. Riccius, vom landsässigen Adel 138. — Über das Verhältnis der Rittergüter betreffs der Accise behalte ich mir Untersuchungen vor.

Dienstfreiheit wird regelmäßig mit Schatzfreiheit zusammengebracht, s. berg. Ritterbuch §. 48. Als Beispiele (freilich aus sehr später Zeit), wo die Freiheit von der Stellung von Dienstwagen mit dem Reiterdienst begründet wird, führe ich an: im Amt Randerath sind 2 Manngüter, de itzont mit perde ind harnesch nit bedeint en werden, de dienen m. g. l. h. zo der jacht ind vischerien (aus dem Bericht in A. 99). Der Hof zu Borch in demselben Amt hat früher an das Schloß Hambach gedient; seitdem er aber als Lehengut (mit pert und harnisch zu dienen) vergeben worden, hat er seder der zit neit gedient (aus dem Bericht in A. 95). — Ein Beispiel, welches die Freiheit von der Stellung von Heerwagen ausdrücklich mit dem Reiterdienst motiviert, kann ich nicht beibringen. An der thatsächlichen Freiheit ist aber kein Zweifel. Vgl. auch Eichhorn II, S. 450.

für ihre spätere Begünstigung bei den landständischen Steuern gewesen.

VI. Als ein Vorrecht der Ritterbürtigen als solcher scheint das Mittelalter auch den Besitz eigener Gerichtsbarkeit über die Grundholden ihrer Güter angesehen zu haben.[101a] Als Gerichtsherren finden wir denn auch unsere Ministerialen.[101b] Bemerkenswert ist aber, daß sie nicht die hohe Gerichtsbarkeit erworben haben, wie es doch in andern Territorien der Fall war.[102] Deren Besitz hat sich vielmehr der Landesherr der Regel nach[103] zu wahren gewußt.[104]

[101] Dort wie hier wird der Kriegsdienst, der den Ritterbürtigen obliege, als Motiv für die Begünstigung angegeben.

[101a] Nimmt man das nicht an, so ist es unerklärlich, wie später die Patrimonialgerichtsbarkeit als ein Vorrecht der Rittergüter erscheinen konnte.

[101b] Daß im 13. Jh. die Ministerialen schon allgemein eine gewisse Gerichtsbarkeit besessen haben, zeigt z. B. Urk. v. 1251 bei Lac. II, 370: homines ad ipsius [sc. des Gf. v. Cleve] vel suorum castrensium vel ministerialium advocatias specialiter pertinentes.

[102] In Östreich schon am Ende des 13. Jh., Siegel 267 ff. Über Brandenburg s. Kühns II, 71 ff. Über Hessen s. Stölzel, gelehrtes Richtertum I, 352 A. 14.

[103] Daß ihm allgemein die hohe Gerichtsbarkeit zusteht, zeigt schon das später auch in die bergischen Privilegien übergegangene jülicher Privileg von 1423 (Lac. IV, 149): Der Hz. hat die bruchen, die lif ind goet antreffent (vgl. ferner Erk. Bg. 190 u. Lac. Arch. VII, 275, auch Kremer, Gesch. d. Herren v. Heinsberg N. 6 (1896), wonach die Herren v. Stein auf ihren hoiven in Löwenberg nur umb irs guitz reichte . . ., bis id an de gewalt trift, dingen lassen dürfen). Dasselbe ergibt sich aus den Erkundigungen über die Hofgerichte in Jülich und Berg aus den Jahren 1554 u. 55, Lac. Arch. III, 300 ff. u. Ztschr. XX, 181 ff. Hier werden wol einige Hofgerichte mit der hohen Gerichtsbarkeit erwähnt, aber sie sind im Besitz des Herzogs (vgl. Gangelt und Frangnem, Lac. Arch. III, 343 und 349; Mosblech, Ztschr. IX, 43). Nach andern Quellen habe ich freilich vereinzelt auch solche Hofgerichte im Privatbesitz gefunden: so 1338 Brechen (Lac. III, 337); 1354 Breidenbend (ebenda 528; nachweislich auch noch 1479 u. im 16. Jh., s. D., Jül.-Bg., Urk. I, N. 3030; Lacs Ansicht (Arch. III, 307), daß Abenden dasselbe sei wie B., ist ein Irrtum, da B. nicht im Amt Nideggen, sondern im Amt Boslar lag). 1571 verpfändet der Hz. dem Kanzler Orßbeck unser gericht Effelsberg (im Amt Münstereifel); O. soll auch auss seinem hauss Wensberg uber das bluet in bezirck vorg. gerichtet E. mit erkentnus des rechten daselbst macht haben . . . richten zu lassen (D., caus.-Jul. IV, fol. 221 b., Cop.). — Was dann die niedere Kompetenz der Hofgerichte betrifft, so ist deren Umfang ein sehr verschiedener. Z. B. weisen die Hofleute des Hofgerichts Rospe über schuld, schad, erb und erbschaft; dagegen die Hofgerichte im Amt

Wir kehren nunmehr zu der Frage zurück, woher sich das von uns angenommene Streben der Grafen, ihre Ministerialität über den ganzen Kreis der Ritterbürtigen ihres Territoriums auszudehnen, erklärt. Diese Frage ist offenbar identisch mit der nach den Vorteilen, die das Ministerialitätsverhältnis im Vergleich zu dem Vassallitätsverhältnis dem Herrn bot. Auf dem Gebiete des Kriegsdienstes kann nun ein in der Sache liegender Vorzug des Ministerialitätsverhältnisses nur für die Zeit angenommen werden, in der eine persönliche Verpflichtung der Ministerialen zum Kriegsdienst bestand, also bis zur Mitte des 13. Jahrhunderts. Denn wenn, wie wir es in der darauf folgenden Zeit fanden, die Kriegspflicht des Ministerialen auf den Besitz eines Lehens begründet wurde, so war, mochte diese Pflicht zeitlich und örtlich auch noch so sehr die, welche der herkömmliche Lehnskontrakt des Vassallen konstituierte, überragen, dem Herrn doch immer die Möglichkeit gegeben, in Abweichung von diesen herkömmlichen Bedingungen dasselbe Maß von Kriegsdienst sich bei der Erteilung eines Lehns an einen Vassallen versprechen zu lassen, zu dem ihm seine Ministerialen verbunden waren.[105] Indessen bis zur Mitte des 13. Jahr-

Steinbach nur über die erbfel und verzig der hofsguder; aber hoheit, gwalt, schuld und schulde [!] gehoren an das landgericht, werden auch zu etlichen zeiten die streitigen erbfelle an das landrecht gewisen (Erl. Bg. 190 f.). In den Hofgerichten im Landgericht Kreuzberg ferner werden zins, kurmudden und erbgerechticheit der hofsguder gwroegt (a. O. 200); dagegen in denen in den Ämtern Monheim, Solingen und Mettmann nur zins und kurmud (a. O. 197; usstragt und verzieg im Landgericht, a. O. 199). — Ein Beispiel angemaßter Gerichtsbarkeit s. Lac. Arch. III, 342.

[104] Wie dieses Hoheitsrecht, so hat der Landesherr in Jülich und Berg auch das wichtige Recht der Erhebung des Schatzes nicht aus der Hand gegeben (wie es z. B. in Brandenburg im 14. Jh. geschah, s. Schmoller, Jahrbuch für Gesetzgebung I (1877), S. 38). Denn bei den allerdings sehr zahlreichen Ämterverpfändungen ist doch keineswegs immer der Schatz mitverpfändet; und in jedem Fall sind die Ämter nach einiger Zeit stets wieder eingelöst. Ferner haben wol unzählige Anweisungen auf den Schatz stattgefunden; aber regelmäßig so, daß die Erhebung in der Hand des landesherrlichen Beamten blieb. So kommt es denn, daß nach den Amtsrechnungen des 16. Jh. der Schatz die wichtigste ordentliche Geldeinnahme war (Ritter 14).

[105] Daß in der That Vassallen mit demselben Maß von Kriegsdienstpflichten, wie es die Ministerialen hatten, angenommen wurden, ohne daß sie in deren Stand einzutreten brauchten, zeigt das sedlb. Dienstrecht §. 3 u. 9, wo Personen erwähnt werden, qui loco ministerialium sunt infeodati, die nicht das Heergewäte zu geben brauchen, aber in der Kriegspflicht den

hunderts bestand doch die persönliche Kriegspflicht, bis dahin also auch ein Vorzug des Ministerialen vor dem Vassallen auf dem Gebiete des Kriegsdienstes.¹⁰⁶) Dies Motiv wird für die Ausdehnung der Ministerialität wol das stärkste gewesen sein, da der Ministerial, wenn er auch von einer andern Seite seiner Thätigkeit den Namen hat, doch in erster Linie immer Krieger ist. Und seiner Bedeutung thut es auch nur wenig Eintrag, daß es schon mit der Mitte des 13. Jahrhunderts erlischt, da ja zu dieser Zeit in unsern Territorien fast ohne Ausnahme bereits nur unfreie Ritterbürtige saßen, freie Ritterbürtige also, wenn solche früher daselbst vorhanden gewesen waren, bereits vor diesem Zeitraum in die Ministerialität eingetreten sein müssen. Wie aber die Ministerialität noch weit über diesen Termin hinaus Dauer gehabt hat und folglich für ihre Fortdauer andere Motive bestanden haben müssen, so werden die letzteren auch schon vorher wirksam gewesen sein. So war ein weiterer Vorzug der Ministerialen vor den Vassallen, die Verpflichtung der ersteren zur Übernahme von Ämtern am Hof und in der lokalen Verwaltung. Dieser mußte sie ihren Herren außerordentlich wichtig machen in einer Zeit, wo alles auf Verwandlung der Ämter in Lehen hindrängte.¹⁰⁷) Ein Vorzug war ferner auch die geringere Gefahr der Alienierung, wenn der Herr ein Gut an einen ihm bereits an sich persönlich verbundenen Ministerialen statt an einen Vassallen gab.¹⁰⁸)

Ministerialen gleich stehen. Ebenso heißt es in dem Güterverzeichnis des Grafen v. Arnsberg v. 1313 bei Seibertz UB. II, S. 119 N. 10 bei einem Dienstgut: loco ministerialis fidem prestitit, licet non sit ministerialis (dasselbe S. 123 N. 100 und S. 126 N. 152). Was den Stand dieser Art von Vasallen betrifft, so kommen dabei in Betracht: Dynasten (s. jene N. 152) und weiter wol Ministerialen fremder Herren. Groß kann die Zahl solcher Vasallen übrigens nicht gewesen sein, wenn sich unter den 261 Nummern jenes Güterverzeichnisses nur 3, und unter den 541 Nummern des Güterverzeichnisses v. 1338 ebenda S. 273—97 nur 8 dieser Art finden (S. 292, N. 2, 5, 6, 7; S. 295, N. 82, 92; S. 296, N. 100; S. 297, N. 125; vielleicht auch S. 294, N. 59).

¹⁰⁶) Mit der persönlichen Kriegspflicht der Ministerialen hing innerlich zusammen die Beschränkung des Lehndienstes bei fremden Herren, s. A. 33.

¹⁰⁷) Eine Neigung, die ministeria in beneficia zu verwandeln, ist zwar auch bei den Ministerialen vorhanden gewesen (s. Nitzsch, Ministerialität 71). Aber sie ist doch keineswegs durchgedrungen; daß sie unterdrückt ist, bildet den wichtigsten Punkt in der Geschichte der deutschen Territorien. Vgl. Brunner in Holtzendorffs Encyklopädie (4. Aufl.) S. 285 oben.

Diese Vorzüge der Ministerialen werden es hauptsächlich gewesen sein, die die Grafen zu dem vermuteten Streben bestimmt haben. Nachdem nun aber die Kriegspflicht der Ministerialen aufgehört hatte, eine persönliche zu sein; nachdem ferner die Herrschaft des Lehenwesens auf dem Gebiete des Beamtentums aufgehört hatte, oder, wie man vielleicht sagen kann, nachdem es den Landesherren gelungen war, mit ihren Ministerialen die Herrschaft des Lehenwesens auf diesem Gebiete zu brechen; nachdem endlich mit der größeren Stetigkeit und Ordnung, die die Verhältnisse im Laufe der Zeit gewannen, auch bei einem einfachen Vassallen eine Alienierung des Lehens nicht mehr zu fürchten war, da hatten die Landesherren kaum mehr Veranlassung, um der andern, geringeren Vorzüge willen, die die Ministerialität bot, das Band derselben weiter festzuhalten; da mußten sie dies Band fallen lassen. Und das geschah, wie oben bemerkt,[109]) etwa mit dem Anfang des 15. Jahrhunderts.

§. 3. Die Städte.

Außer der Ritterschaft hat sich nur noch ein Landstand in Jülich und Berg ausgebildet: die Städte.

Die städtischen Gemeinwesen zerfielen am Anfang des 16. Jahrhunderts, bis wohin wir unsere Darstellung führen,[110]) in Jülich in 19 Städte im engeren Sinne,[111]) 3 Freiheiten[112]) und 2 Thäler;[113]) in Berg in 8 Städte im engeren Sinne[114]) und

---

[108]) Von diesem Gesichtspunkt ist man wol bei den in A. 49 erwähnten Maßnahmen in den geistlichen Territorien ausgegangen.

[109]) S. A. 42.

[110]) Obwol dieselbe nur bis 1511 geht, wird es doch gut sein, an dieser Stelle auch auf die Orte Rücksicht zu nehmen, die in den nächsten Jahren nach 1511 erwähnt werden, da dieselben möglicherweise vor 1511 gegründet sind. Ich gehe deshalb betreffs Jülichs bis 1520, betreffs Bergs aber, wo die Zahl der städtischen Gemeinwesen vor und nach 1511 nur um 3 differiert, bis zu deren erster Erwähnung.

[111]) Jülich, Düren, Münstereifel, Euskirchen, Nideggen, Bergheim, Caster, Grevenbroich, Gladbach, Linnich, Randerath, Heinsberg, Düllen, Dahlen, Gangelt, Waldfeucht, Sittart, Süstern, Wassenberg. Vgl. über die spätere Zeit Ritter 4.

[112]) Vor 1511: Aldenhoven und Geilenkirchen. Im J. 1517 noch Nörvenich (1483 noch Dorf).

[113]) Heimbach, Montjoie. Heimbach (das nebenbei 1476 nachweislich einen Rath hat) heißt 1412 Stadt, 1489 Freiheit, 1509, 1510, 1520 u. 1521 aber Thal (Lac. IV, 72; Quir, die Grafen v. Hengebach 18, 47 u. 58 und

9 Freiheiten.[114a]) Über den Unterschied zwischen den drei Klassen von städtischen Gemeinwesen in Jülich vermag ich in Folge gänzlichen Mangels an Material nichts zu sagen. Der Unterschied zwischen Städten und Freiheiten in Berg hat nicht, wie man bisher behauptet hat,[115]) in der fehlenden Ummauerung der Freiheiten gelegen;[116]) sondern die bergische Stadt hat sich vor der Freiheit, wie weiter unten zu zeigen, auf dem Gebiete des Gerichtswesens ausgezeichnet. Übrigens wird erst im 15. Jahrhundert bestimmt zwischen „Stadt" und „Freiheit" geschieden,[116a]) während im 14. noch beide Ausdrücke promiscue gebraucht zu sein scheinen.[117]) Das Wort „Freiheit" hat ohne Zweifel seinen Grund in der gleich

ungedruckte Nachrichten; vgl. Müller, Beitr. z. Gsch. d. Herzogtums Jülich II, 40). Montjoie heißt 1488 Stadt, 1509 aber Thal; 1516 findet sich in demselben Aktenstück „vriheit M." u. „die burger imme dalle" (Annalen VI, 22 u. 23; vgl. ebenda 35 ff.), später regelmäßig „Thal". — In Jülich (vgl. dagegen über Berg A. 114a) werden von den städtischen Gemeinwesen nur folgende ständig (die Stellung von Montjoie bei der Steuer v. 1417 (f. A. 125) ist eine Ausnahme) bei den landständischen Steuern besonders neben den Ämtern angeschlagen: Jülich, Düren, Münstereifel, Euskirchen, Bergheim, Grevenbroich, Glabbach, Linnich, Caster, Randerath. Aber auch in den andern scheinen wenigstens bei der Unterverteilung die Bürger zugezogen worden zu sein, f. Annalen VI, 38.

[114]) Düsseldorf, Lennep, Wüpperfürth, Ratingen, Radevormwald, Solingen, Gerresheim, Blankenberg.

[114a]) Mülheim, Gräfrath, Mettmann, Monheim, Angermund, Elberfeld. Burg u. Hückeswagen finde ich zuerst 1513, Beyenburg zuerst 1555 (Ztschr. IX, 48). In Berg wird von allen städtischen Gemeinwesen nur Beyenburg nicht besonders bei den landständischen Steuern angeschlagen.

[115]) Lac. III, S. 648 A. 3. Ztschr. XIX, 170.

[116]) Abgesehen davon, daß das Dorf Aldenhoven 1469 die Accise erhält, damit es sich befestige, beweist unwiderleglich für die Ummauerung der Freiheiten das Priv. für Mettmann v. 1424: die Bürger sollen die empfangenen Rechte verlieren, wenn sie ihre Befestigung verfallen lassen.

[116a]) Zuerst im Landtagsausschreiben von 1488, dann in dem von 1509. — In Jülich, wo ich eine Scheidung zwischen Städten, Freiheiten und Thälern erst in dem Landtagsausschreiben v. 1509 finde, scheint dieselbe sich nach A. 113 im 15. Jh. noch nicht vollzogen zu haben.

[117]) Die Freiheit Mülheim heißt 1863 (Lac. Arch. IV, 147) Stadt. Gerresheim und Solingen heißen in den Gründungsurkunden v. 1368 u. 1374 konstant „Freiheit", Gerresheim aber schon 1392 Stadt. — Die erste Erwähnung des Wortes ist, soviel ich sehe, in jül. Urk. v. 1347 (ungedruckter Theil v. Lac. III, 464): in steedin, in dorpen, in vestungen, in vriheiden ind up wat stedin dat id si; hier kann es aber sehr gut pleonastisch gebraucht sein (ebenso wie Lac. IV, 149).

zu erwähnenden mehr oder weniger umfassenden Befreiung von den landeshoheitlichen Abgaben, die die Freiheit nachweislich mit der Stadt teilte.

Gründungsurkunden[118]) besitzen wir aus Jülich nur für Münstereifel (1197)[119]) und Euskirchen (1302), welche beiden

[118]) Die Zustimmung des Königs, die noch 1310 für Städtegründungen für erforderlich erklärt wurde (Nijhoff I, 111, 113, 139; Böhmer, Reg. imp. N. 302—4; vgl. auch Lac. II, 191), erwähnen unsere Urkunden nicht.

[119]) Ich stelle hier die wichtigsten städtischen Urkunden zusammen und citiere sie fortan nur nach dem Namen und der Jahreszahl:

I. Jülich:

Aldenhoven erhält 1469 noch als Dorf, ein Accifeprivileg: D., berg. Coll. N. 7. fol. 17 Cop.

Düren: außer den Urkunden bei Gengler, codex iur. munic., von 1277, 1402, 1443 führe ich an: 1321, Quix, Stadt Aachen I, 2, 199; 1366, Materialien 452; 1376 April 6: D., Jül.-Bg., Urkd. N. 922, Or.; 1425: Kremer II, S. 169; 1457: Materialien 96; 1556: a. O. 100. Die in den Materialien 196 abgedruckte Urk. ist wol v. 1458 oder 1459, wie das Verzeichnis ebenda 111 (vgl. S. 186), in dem die in der Urkunde genannten Personen erwähnt werden, lehrt. — Zahlreiche Dürener Gerichtsurkunden bei Werners, Verwaltungsbericht der Stadt Düren, Urkden. des Stadtarchivs.

Euskirchen: 1302: Katzfey, Münstereifel II, 56. 1322: Werners a. O. N. 87. 1441: Katzfey a. O. 59. 1475: a. O. 60.

Jülich: 1399: Nijhoff III, 226. 1416: D., Berg, Coll. N. 7, p. 9. Cop. 1563: a. O. p. 39.

Münstereifel: 1197: MRh. UB. II, 171 (bisher nicht als Stadterhebungsurkunde erkannt). 1475 Oktober 6: D., Berg, Coll. N. 7, p. 21. Cop. Stadtrecht von M.: D., rotes Buch, fol. 20 (wahrscheinlich aus d. 2. Hälfte des 16. Jh.).

Wassenberg: 1524: v. Ledebur Archiv XIII, 269. — Das Weistum v. Süstern bei Grimm III, 861 (1260) ist nicht, wie Gierke II, 655 N. 24 irrig angibt, ein Stadtrecht. — Zahlreiche, jedoch nur ganz allgemein eine Bestätigung der Rechte der Stadt aussprechende Privilegien jülicher Städte v. 1511 u. 1512 finden sich D., K., Caps. 56, N. 2 (Copp.)

II. Berg:

Blankenberg: 1245: bei Gengler. Bestätigung desselben Privilegs von 1450, 1475, 1511, 1544: D., Priv. der Stadt B., Copp.

Düsseldorf: außer den Urkunden von 1297, 1371 Aug. 16, 1376, 1384 März 25 und April 4, 1394, 1395, 1403, 1447, 1482, 1494 bei Gengler führe ich an: 1288: Ztschr. XVIII, 153. 1432 Febr. 16, 1437 August 7, 1438 Nov. 1, 1443 März 24, 1448 März 8, 1449 Juni 28, 1469 Febr. 1, 1475 Okt. 26: alle aus D., Urkden. betr. b. Stadt D., Copp. 1557: Ztschr. XIX, 45 ff.

Gerresheim: 1368: Ztschr. VI, 81. 1392, 1466, 1561: a. O. 84, 86, 87.

Städte noch dazu nicht Gründungen der Jülicher Grafen, sondern erst nach ihrer Erhebung zur Stadt an Jülich gekommen sind. Weit reicher ist Berg. Denn außer der Urkunde für Blankenberg (1245), einer von Berg erst nach ihrer Gründung erworbenen Stadt, haben wir solche Erhebungsurkunden, die von den Grafen von Berg selbst herrühren, für Wipperfürth (1222),[120] Lennep,[121] Ratingen (1276), Düsseldorf (1288), Mülheim (1322), Gerresheim (1368), Solingen (1374), Mettmann (1424). — Von den Städten, deren Gründungsjahr wir nicht kennen, fällt die Entstehung der städtischen Verfassung, was Jülich betrifft, bei der Reichspfandschaft Düren ins 12., bei Zülpich ins 13., bei Jülich, Bergheim, Grevenbroich, Nideggen, Caster, Dülken und Dahlen spätestens in die erste Hälfte des 14. Jahrhunderts;[122] was Berg betrifft,

Lennep: 1325: v. Lebebur, Archiv III, 79. 1449 Juli 24: D., Priv. der Stadt L., Cpt.

Mettmann: 1424: Lac. IV, 156.

Mülheim: 1322: Lac. III, 189 (über Privilegien v. 1350 und 1360 s. ebenda A. 2). 1393: D., Priv. für M., Cop. (von Befreiung von Kriegslast, wie Lac. III, S. 163 A. 2 im Regest behauptet, steht nichts in der Urk.).

Ratingen: 1276: Lac. II, 696. 1277, 1278: Kessel, Ratingen II, 11 u. 12. 1341: Lac. III, 369. 1343, 1376, 1387, 1403 (2 Privilegien, beide v. Dzb. 16), 1437, 1442 Jan. 6 und März 6, 1449 Juni 24 und Nov. 26, 1450 Febr. 27 und Nov. 1, 1452, 1464, 1510 Mai 30 und Dzb. 8, 1514 Juli 25, 1596: Kessel a. O. 19, 31. 35, 49, 50, 60, 64, 65, 75, 77, 78, 79, 83, 98, 140, 141, 145, 191. Küren v. R.: a. O. 46 (undatiert, nach Kessel aus d. 14. Jh.). — Die Publikation von Kessel, so schätzbare Urkunden sie enthält, ist leider sehr fehlerhaft.

Solingen: 1374: Lac. III, 754.

Wipperfürth: 1222: Lac. II, 107. 1282: v. Lebebur, Archiv IX, 275. 1347: a. O. 281 (a. O. 383 unrichtig als Jahreszahl 1311 angegeben).

[120] Wipperfürth 1222 enthält nur die Freiheit von Schatz. Ausführlicher ist erst Urk. v. 1282, aber diese giebt sich als eine Bestätigung von Rechten, die Heinrich v. Limburg (1225—47) u. Adolf v. Berg (1247—59) der Stadt gegeben haben. Ob freilich nicht doch 1282 auch etwas neues hinzugefügt worden ist, kann nicht entschieden werden.

[121] Erhalten ist erst ein Privileg für L. v. 1325, aber dies giebt sich als eine Bestätigung der von den Vorfahren des Ausstellers, besonders den Grafen Adolf (1259—96) u. Wilhelm (1296—1208) der Stadt gegebenen Rechte. Da nun L. im Priv. für Ratingen 1276 schon oppidum heißt, so würde als Gründungszeit 1259—76 anzunehmen sein. Will man jedoch das besonders urgieren, so kommt man auf eine noch frühere Zeit.

[122] Das folgt bei den 7 letzteren daraus, daß sie in der 2. Hälfte des 14. Jh. als Glieder des städtischen Korpus erscheinen. Freilich mögen einige

bei Siegburg ins 12. Jahrhundert,[123]) bei Radevormwald vor 1327;[124]) ob auch noch die Entstehung anderer städtischer Gemeinwesen in Jülich und Berg in die erste Hälfte des 14. Jahrhunderts fällt, resp. wie sie sich auf die zweite Hälfte des 14. und das 15. verteilt, läßt sich allgemein nicht feststellen.[125]) — Die Städte Zülpich und Siegburg haben nur zeitweilig (nämlich im 14. Jahrhundert) zu den städtischen Kurien unserer Länder gehört, da die Grafen die Vogtei, die sie daselbst besaßen, nicht zur wahren Landeshoheit zu erweitern vermocht haben.[126])

In den von den Grafen von Berg selbst herrührenden Gründungsurkunden zeigt sich ein gemeinsamer Charakter, meistens auch eine zum Teil sehr bedeutende formale Abhängigkeit der einen von der andern.[127]) Drängt sich die Frage auf, woher die Grafen das Vorbild für ihre Städtegründungen genommen haben, so bietet sich die unter ihrer Vogtei stehende Stadt Siegburg dar. Auf Bewidmung mit siegburger Recht weist nämlich das Stadtrecht

von diesen auch erst kurz nach der Mitte des 14. Jh. gegründet sein, wie denn Dahlen, das 1364 als Glied des städtischen Korpus erscheint, 1352 noch Dorf heißt (Lac. III, 505).

[123]) Vgl. z. B. Lac. I, 300.

[124]) Becker, Gesch. d. Stadt R. 7.

[125]) 1447 werden Montjoie und Randerath (ohne daß ihr näherer Charakter angegeben ist) wenigstens nicht innerhalb der Ämter zur Steuer angeschlagen. Geilenkirchen wird nach Büsching VI, 121 (7. Aufl.) 1484 Stadt [wol: Freiheit]. — Die Entstehung von Monheim fällt in die 2. Hälfte des 14. Jh., da Hz. Adolf 1416 sagt, Mülheim [gegründet 1322] und Monheim seien von seinen eldern und vorfaren gefriet (Lac. IV, S. 108), sicher aber nach 1363 (wegen des Verzeichnisses bei Lac. Archiv IV, 147), 1418 werden burgere zu Angermund (Lagerbuch d. Kellnerei A. v. 1634, fol. 45; vgl. Lac. IV, S. 165; 1423 Angermund Freiheit), 1444 Bürgermeister und Rat der Freiheit Elberfeld erwähnt (Ztschr. I, 239). Vgl. A. 112, 113, 114a. — Weitere Nachrichten sind mir nicht zur Hand, zumal aus d. 1. Hälfte des 15. Jh. nur wenig Angaben über die Zusammensetzung der städtischen Korpora vorhanden sind. Im übrigen liegt Vollständigkeit auf diesem Gebiet auch gar nicht im Bereiche meines Themas.

[126]) Die Stadt Siegburg ist dann später, 1676 (mit dem Untergang der Reichsunmittelbarkeit des Stifts S.), bergisch geworden, s. Schwaben, Siegburg 92 ff.

[127]) Düsseldorf 1288 übernimmt im wesentlichen Ratingen 1276 und versieht es mit Zusätzen (vgl. auch A. 178). Ähnlich verhält sich Solingen 1374 zu Gerresheim 1368. Einiges aus Gerresheim 1368 und Solingen 1374 ist in Mettmann 1424 übernommen. Vgl. noch die Übereinstimmung zwischen Mülheim 1322 und Lennep 1325 betreffs der Aufnahme zum Bürger.

der zweitältesten bergischen Stadt, Lennep, ausdrücklich hin;[128] nach Siegburg geht ferner — was ja auch als ein Zeichen gelten kann — der Konsultationszug aus den beiden ältesten bergischen Städten, Wipperfürth und Lennep.[129]

Die Rechte, die die Städte zur Zeit ihrer Entstehung besaßen, sind später häufig bestätigt,[130] auch erweitert oder mobifiziert.[131] Für die Erkenntnis des Wesens der Städte unserer Territorien wird es genügen, wenn wir im folgenden den Hauptinhalt der Gründungsurkunden, jener später erteilten Privilegien sowie einiger anderer erhaltenen Aufzeichnungen über städtische Zustände wiederzugeben versuchen.

I. Alle Städtegründungen schließen sich, soviel wir sehen — und bei der Ausdehnung, die die Kolonisation in den Rheinlanden im 13. Jahrhundert, in welches die frühesten[132] Gründungen

---

[128] Lennep 1325: wird gefreit in allen rechte, wie dat wickbolt Siberch is gefriet.

[129] Ob für die Gründung der brittältesten Stadt, Ratingen, noch direkt Siegburg oder aber etwa Lennep, wohin der Konsultationszug von R. geht, Vorbild gewesen ist, bleibt ungewiß. Das Priv. für R. zeigt nicht gerade viel Ähnlichkeit mit dem erhaltenen Priv. für Lennep v. 1325. — Daß übrigens keineswegs immer (wenigstens in späterer Zeit) Bewidmung mit dem Rechte des Konsultationsortes stattgefunden hat, zeigt A. 193 (z. B. hat Solingen, das mit Recht von Gerresheim bewidmet ist, seine Konsultation in Lennep). Es ist eben zu beachten, daß die Bestimmung des Konsultationszugs im Grunde doch nur von dem freien Belieben des Stadtherrn abhing.

[130] Namentlich vor der einem neuen Herrn geleisteten Huldigung. Vgl. Gengler, deutsche Stadtrechtsaltertümer 397, Kessel, Ratingen II, 106, 161, 190, und die entsprechenden Urkunden oben A. 119.

[131] Die Privilegien sind teils aus Interesse für das Wohl der Stadt gegeben. So hat Lennep nach d. Priv. v. 1449 die Accise erhalten, weil die Stadt in Folge verderflichs brantz ind schaden van vecden ind ouch sust zurückgegangen war. Teils sind sie Entschädigungen für beim Landesherrn von der Stadt gewährte Leistungen (s. unten den Abschnitt über die Gesch. der Landstände im 15. Jh.). Im letzteren Sinne hat es sich wol mitunter um einen formellen Privilegienkauf gehandelt. Wenigstens im benachbarten Geldern gelobt der Graf 1328, der Stadt Geldern, die ihm eine Bede gegeben, dasselbe recht verleihen zu wollen, das er den andern Städten der Grafschaft, die ihm auch die Bede gegeben, erteilen werde (Lac. III, 232). Ebenso bekennt der Herzog 1348, von der Stadt Harderwijck 2500 Pfund kleine Pfennige erhalten zu haben, alse daeraf als wij hoen Zutphensche recht gaven (Nijhoff II, 29).

[132] Münstereifel, das dem 12. Jh. angehört, war auch schon vor seiner Erhebung eine villa.

fallen, bereits gewonnen hatte, darf man es wol auch für diejenigen annehmen, von denen wir keine näheren Nachrichten haben — an schon vorhandene Wohnstätten an. Wo der Verband, an den die Gründung anknüpft, angegeben wird, findet sich das Kirchspiel (zweimal),¹³³) die Honschaft (einmal),¹³⁴) das Dorf (zweimal)¹³⁵) genannt; Honschaft und Dorf fielen übrigens meistens zusammen.¹³⁶)

II. Der Sicherheit der Stadt gegen außen dient die Ummauerung. Regelmäßig wird in den Privilegien die Befestigung der Stadt (der Stadt und Freiheit¹³⁷) gleichmäßig) gestattet oder zur Pflicht gemacht.¹³⁸)

III. a. In dem Komplex der von den Grafen von Berg herrührenden städtischen Gründungsurkunden wird als der eigentliche Grund der den Städten neu verliehenen „Freiheit" die Befreiung von den oben charakterisierten im Zusammenhang mit der Entstehung der Landeshoheit eingeführten direkten Geld- und Naturalabgaben bezeichnet.¹³⁹) Die Befreiung ist entweder eine vollständige¹⁴⁰)

---

¹³³) Ratingen 1276. Düsseldorf 1288.
¹³⁴) Mettmann 1424.
¹³⁵) Gerresheim 1368. Solingen 1374.
¹³⁶) Ein Beispiel vom Gegenteil s. Gengler, cod. unter Düsseldorf 1384 März 25.
¹³⁷) s. A. 116.
¹³⁸) Vgl. A. 234.
¹³⁹) Mülheim 1322: oppidanos nostros ibidem et bona eorum, que nunc habent, ab omnibus exactionibus ... libertamus ... in omni iure, quo alia oppida terre nostre sunt libertata. Die Aufzählung der andern neu verliehenen Rechte wird, nachdem schon mit jenen Worten die Verleihung der „Freiheit" ausgesprochen ist, als gleichsam nebensächlich mit preterea angeschlossen. Gerresheim 1368: Gf. W. gibt dem Dorfe G. eine gantze stede vriheit, so daß die Bürger und ihre Güter van summenschetzingen u. s. w. frei sein sollen. Und ähnlich sonst. In den ältern Priv. wird die Befreiung von omnes exactiones ganz allgemein ausgesprochen. So im wesentlichen auch noch Gerresheim 1368 und Solingen 1374 (die in Gerresheim 1368 vorkommenden Grafen- und Vogtgelder sind wol nur Synonyma von Schatz, s. Haltaus 719 f. u. 1977; über das koirgeld s. unten A. 155). Mettmann 1424 dagegen spezifiziert: Freiheit von Schatz, korngelde, vleischgelde, voiregelde; s. über diese A. 92. Übrigens darf man mit Rücksicht auf Mettmann 1424: „Freiheit van allerleie ander gelde ..., damit man die burger ... hernamaels van unsernwegen besweren mach", wol annehmen, daß die Erwähnung der Befreiung von dieser oder jener kleinen Abgabe öfters nicht die Bedeutung hat, daß die Abgabe vorher schon erhoben ist, sondern die, daß sie künftig nicht eingeführt werden soll. — Dieselbe Anschauung von der Verleihung der Stadtfreiheit durch die Befreiung von jenen Abgaben findet sich

oder eine teilweise,¹⁴¹) indem sich der Landesherr die Herbstbede¹⁴²) oder die Herbstbede und den Futterhafer¹⁴³) oder auch Lichtmeß-, Mai- und Herbstschatz¹⁴⁴) vorbehält.¹⁴⁴ᵃ) In den spärlich erhaltenen sonstigen Gründungsurkunden aus Berg und Jülich wird dieser Befreiung nicht jene centrale Bedeutung beigelegt.¹⁴⁵) Was aber die thatsächliche Regelung der Zahlung jener Abgaben in den jülicher und den nicht von den Grafen von Berg gegründeten bergischen Städten betrifft, so finden wir auch hier entweder eine vollständige¹⁴⁶) oder eine teilweise¹⁴⁷) Befreiung.

in geldrischen und clevischen Stadterhebungsurkunden: Zütphen 1190 (Slichtenhorst 565): libertas gewährt, ita quod nullam faciam in ea indebitam exactionem vel accreditum onerosum praeter voluntatem ipsorum; Cleve 1241 (Lac. II, 258). Vgl. Zeumer 18.

¹⁴⁰) Wipperfürth 1222. Mülheim 1322. Freiheit Beyenburg (nach Lagerbuch v. 1597). Über Monheim und Angermund, deren Gründungsurk. unbekannt sind, s. A. 125 u. 225.

¹⁴¹) Über die Identität v. Bede u. Schatz s. A. 90.

¹⁴²) Gerresheim 1368. Solingen 1374.

¹⁴³) Ratingen 1276. Düsseldorf 1288. Lennep 1325. Mettmann 1424.

¹⁴⁴) Die Freiheit Gräfrath zahlte nach Amtsrechnungen diese 3 Schätze, aber keinen Futterhafer.

¹⁴⁴ᵃ) Oben A. 90 ist bemerkt, daß der vorbehaltene Schatz vielfach im Laufe der Zeit erlassen ist. Betreffs des Futterhafers war das gleichfalls teilweise der Fall (Ratingen [s. A. 143] ist 1634 davon frei), teilweise auch nicht: Düsseldorf (s. A. 143) zahlt 1752/53 mit den Honschaften Pempelfort u. Flingern zusammen 16, Derendorf 7, Golzheim 5, Oberbill u. Lierenfeld 13, Kirchbill 13, Mühlhoven 14 Mlt.; s. über diese Orte Gengler unter Düsseldorf. Vgl. A. 151.

¹⁴⁵) Münstereifel 1197 und Euskirchen 1302 nennen wenigstens die Befreiung von Schatz an erster Stelle, Blankenberg 1245 auch das nicht einmal.

¹⁴⁶) Münstereifel 1197. Blankenberg 1245 §. 21: kein Bürger sal geschoss geven van dem gude, dat hei het bausen der stat (noch weniger natürlich von dem Gut innerhalb der Stadt). Über Düren u. Bergheim s. Ritter 15 A. 3. Ritter a. O. nimmt auch für Euskirchen vollständige Schatzfreiheit an. Allein ich möchte in der Abgabe, die E. zahlt, den Herbstschatz sehen. Denn 1. heißt die Abgabe Schatz, 2. wird sie zu Martini, also im Herbst gezahlt (Priv. v. 1302), 3. wird sie auch wie sonst der Schatz von der Länderei erhoben. Wenn es 1302 heißt, die Stadt solle die Abgabe in recompensationem exemptionis et liberationis zahlen, so ist man deshalb noch nicht genötigt, sie mit den A. 153 aufgeführten Abgaben zusammenzustellen, da diese neben dem Herbstschatz gezahlt wurden, die Abgabe in E. aber die einzige regelmäßige Geldabgabe (abgesehen von dem Hauszins) war, die der Herr fortan bezog. Vgl. A. 149 u. 226.

¹⁴⁷) S. A. 146 über Euskirchen. Nur Herbstschatz zahlte auch Elberfeld, das vielleicht erst nach seiner Erhebung zur Freiheit an Berg gekommen ist; wobei

Bei der Gründung der Städte wird aber eine Regelung der erwähnten Abgaben nicht blos in der angegebenen Weise vorgenommen worden sein. Wenn der Herr sich den Herbstschatz oder weitere Schätze vorbehielt, so mag er sie sich mitunter in derselben Höhe vorbehalten haben, in der er sie bisher von dem betreffenden Orte bezogen hatte;[148] mitunter aber wird auch eine neue Bestimmung der Höhe bei der Gründung erfolgt sein.[149] Aus innern Gründen[150] kann man es ferner als wahrscheinlich bezeichnen, daß mit der Gründung die Erhebung des Schatzes[151] aus der Hand des landesherrlichen Beamten in die der Stadt übertragen worden ist. Geneigt wäre man auch zu vermuten, daß mit der Überlassung der Erhebung die Stadt zugleich das Recht erhielt, die Abgabe in einer von ihrem Ermessen abhängigen Art aufzubringen. Allein zu letzterem bedurfte es nachweislich der Genehmigung des Landesherrn.[152] [153]

übrigens zu bemerken ist, daß im ganzen Amt E. nur Herbstschatz gezahlt wurde. Mai und Herbstschatz zahlen Jülich (s. Ritter a. O. und A. 152) und die Freiheit Aldenhoven (nach Amtsrechnungen).

[148] So ist es wol Gerresheim 1368: die Bürger sollen alsulche hervestbede jährlich bezahlen, as duck si bisheran gedaen haent. Ebenso Solingen 1374 u. Mettmann 1424.

[149] Das scheint Euskirchen 1302 der Fall zu sein. Vgl. Zeumer 12 ff. u. 22 ff.

[150] Vgl. Zeumer 59 ff. u. v. Maurer, Stadtvf. III, 138 ff. u. 530. Der einzige Beleg, der mir für Erhebung des Schatzes durch die Stadt bekannt ist, ist der übrigens späte für Euskirchen bei Ritter 15 A. 3 (bei Münstereifel (ebenda) handelt es sich nicht um eine an den Landesherrn zu zahlende Abgabe, vgl. A. 226). Andererseits aber habe ich auch nichts gefunden, was gegen die Erhebung durch die Stadt spricht.

[151] Der Futterhafer scheint freilich nach wie vor durch den landesherrlichen Beamten erhoben worden zu sein, wenn nach Urk. v. 1566 (D., Ms. B. 34 f. fol. 31 b) der Amtmann S. v. Trostorp von seinen in der Bürgerschaft Düsseldorf gelegenen Gütern jährlich 4 Mlt. an foderhabern in die Kellnerei D. zu geben schuldig ist und der Kellner selbst ihn zur Ablieferung auffordert.

[152] Jülich 1416 (vgl. 1563): „Die Stadt J. hat bisher 600 Mk. Mai- und 1000 Mk. Herbstschatz gegeben; außerdem hat der Hz. an den accinssen der vorg. unsser stat einen gewissen Anteil [die Höhe nicht genannt] gehabt. Nun haben die Bürger geklagt, daß die Stadt wegen des schetzens, so alda von hauss zu hauss zu geschehen pfleget, von ausswendigen leuten, die vielleicht gern darinnen gewont hetten, geschewet und ungebessert blieben seie. Deßhalb verordnet jetzt der Hz., daß der Schatz fortan nicht mehr erhoben werden soll; vielmehr sollen die Bürger die 600 und die 1000 Mk. durch eine accins aufbringen (die sie, nebenbei, nach Bedürfnis der Stadt

b. Was die indirekten Abgaben angeht, so erhalten die Städte regelmäßig Zollfreiheit.[154] Freiheit von Accise wird nur einmal gewährt;[155] dagegen erlangen die Städte häufig (worüber unten in anderm Zusammenhang mehr) gegen oder ohne Entgelt die Erhebung der Accise für den eigenen Bedarf.

c. Von außerordentlichen Abgaben neben den ordentlichen spricht nur eine Gründungsurkunde, die für die Jülicher Stadt Euskirchen von 1302, deren Bestimmungen wir auf die andern Jülicher Städte nicht übertragen dürfen, da Euskirchen ja erst nach seiner Gründung an Jülich gekommen ist. Es ist dieser Mangel auffällig, da sonstige Erhebungsurkunden sehr häufig Fälle erwähnen, in denen der Landesherr herkömmlich eine außerordentliche Steuer fordern darf.[156] Freilich folgt aus dem Mangel noch nicht, daß

---

hohen und niedern dürfen) und ferner für den Anteil, den der Hz. an den accinssen der Stadt gehabt hat, 400, also zusammen jährlich 2000 Mk., je zur Hälfte im Mai und Herbst, zahlen. Der Schatz aus den Dörfern Petternich, Broich und Stätternich kommt nach wie vor der Stadt zu steuren und zu vollest zu dem Geld, das sie dem Hz. jährlich giebt, zu." Das Verhältnis der bisherigen Accise zu der neuen bietet Schwierigkeiten. Interessant ist aber die hier ausgesprochene Vorliebe für die Accise, f. Schmoller, Jahrbuch I (1877), S. 62. Vgl. noch Zeumer 64 und unten A. 228.

[153] In einigen Fällen legt der Landesherr neben der teilweise beibehaltenen Abgabe des Schatzes der Stadt eine weitere neu auf, die als Rekognitionsgebühr und Entschädigung des Landesherrn für die Gewährung der Freiheit bezeichnet wird. So Ratingen 1276: 10 Mk. in signum dominii et in recompensationem gratie sibi date. Gerresheim 1368: 10 Mk. zum Zeichen onser herlicheide (ebenso 1374 Solingen). Mettmann 1424: 70 Gulden umb dieser vriheit wille. — In späterer Zeit wurde noch eine andere feste Abgabe, das sog. Opfergeld, eingeführt, übrigens von geringem Betrage, stets zu Weihnachten gezahlt, ursprünglich an den Landrentmeister, seit dem 17. Jh. aber an die Kellner. Zuerst finde ich es bei Ratingen, das seit Hz. Adolf (1408—37) 20 rhein. Guld. Opfergeld zahlt (Kessel II, 77). Bei Düsseldorf (50 rh. Guld.) nachweisbar 1443 (Gengler, cod. p. 943), Blankenberg (15 Goldg.) 1552, Gerresheim (16 Goldg.) 1582, Angermund (c. 2½ Rabergulb.) 1634 (f. A. 225); erst in noch späterer Zeit nachweisbar: Solingen (4 Rtlr.), Gräfrath (4 Rtlr.), Mettmann (6½ Goldg.). Vgl. noch Ritter 19.

[154] Ratingen 1276. Düsseldorf 1288 u. 1449 Juni 28. Gerresheim 1368. Mettmann 1424. Materialien 155.

[155] Mettmann 1424. — Gerresheim 1368 erhält Freiheit von koirgelde. Das Wort hängt vermutlich mit dem Weinküren zusammen, bedeutet also vielleicht auch eine acciseartige Abgabe.

[156] Aus der Nachbarschaft führe ich an: Staveren 1298 (Nijhoff I, 53; vgl. ebenda 199: ein Revers). Cleve 1242 (Lac. II, 265). Cranenburg 1340

man in den Städten von Jülich und Berg keine derartigen Steuern gekannt hat;[157]) wir müssen uns nur mit einem non liquet begnügen. Nach jener Urkunde für Euskirchen aber bestand eine absolute Verpflichtung zu einer, übrigens den Kräften der Stadt angemessenen Steuer beim Ritterschlag des Sohnes des Herrn; wenn derselbe dagegen eine Tochter verheiratet, ein Gut auslöst oder neu erwirbt, einen Heereszug oder eine größere Pilgerfahrt unternimmt, soll die Stadt nur bei freiem Willen steuern.

IV. Freiheit von den oben besprochenen öffentlichen Diensten wird verhältnismäßig selten erwähnt.[158]) Indessen hat, da die Quellen Schatz- und Dienstfreiheit regelmäßig in Zusammenhang bringen, die Dienstfreiheit der Städte wol im wesentlichen denselben Umfang gehabt wie ihre Schatzfreiheit.[159])

(Gengler, cod.). Interessant ist Ubenheim 1359 (Dithmar, cod. dipl. S. 20): die Stadt soll eine Steuer geben beim Ritterschlag der Söhne und bei der Verheiratung der Kinder, und außerdem, wenn onse gemeine stete uns ein bede ... geven, die solen si ons oick geven nae beloep, dat die andere stede geven. Vgl. noch v. Maurer, Stadtverfassung III, 580 u. den Spruch der magdeburger Schöffen bei Neumann, Landstände der Niederlausitz 111 (1. bei einer Reichsheerfahrt, 2. wenn der Herr gefangen wird oder einen Streit verliert, 3. ob sein land angefochten wurde von seinen fienden und er sich nicht beschutzen mochte ane hülfe anderer fremder lute).

[157]) Die von dem berg. Ritterbuch erwähnte Steuer (worüber unten) gehört nicht hierher, da sie nicht auf den Städten als solchen, sondern auf den Stadten als Landständen lastet.

[158]) Freiheit von der Stellung von Heerwagen: Euskirchen 1302: Arma sua, currus et iumenta, caetera quoque vectigalia [= vecturae, s. Ducange] nobis nequaquam eos praestare cogemus. Mülheim 1322: der Gf. wird nicht equos corum et currus seu carrucas ad aliquam expeditionem nostram seu ad usus nostros nehmen, nisi per preces poterimus nobis concedendos obtinere.

Freiheit von Dienst im engeren Sinne: Münstereifel 1197: Freiheit von burchwerc. Blankenberg 1245 §. 23: Freiheit von deinst. Düsseldorf 1384 März 25. Düsseldorf 1432: die Stadt ist eine Zeit lang mit ungewoenlichen voren beschwert; fortan soll sie aller voren erlaissen sein und ihre alte Freiheit gebrauchen, wie sie die von Alters gehabt hat. Vgl. auch vorher Euskirchen u. Mülheim.

Freiheit von Herberge: Blankenberg 1245 §. 21. Münstereifel 1197 behalt zwar vor: iusticia 24 solidorum, quod dicitur natselde, quia aliis erat infeodatum (über natselde = Herberge s. Haltaus 1400); aber die Leistung ist doch in eine Rente verwandelt.

[159]) Wie manche Städte schatzpflichtig, so waren manche natürlich auch dienstpflichtig. So ist Jülich nach dem Priv. v. 1416 zu (nicht näher bezeich-

V. Was die Kriegsdienstleistungen der Städte betrifft, so war ursprünglich die Kriegspflicht der in Vogtei oder gar in stärkerer Abhängigkeit stehenden Personen, zu welchen beiden Klassen ja zunächst auch die Bewohner der Territorialstädte in der Regel gehörten,[160]) im wesentlichen wol eine unbedingte.[161]) Und wurden auch, seitdem der Ritterdienst herrschend geworden war, diejenigen, die ein unritterliches Leben führten, thatsächlich meistens in Kriegen außer Landes nicht verwandt,[162]) sondern nur im Dienst zur Landesverteidigung gebraucht, so war das doch nicht ohne Ausnahme[163]) und fand vorerst auch nicht rechtliche Anerkennung. Allein wie sollte der Städter seinem Handel und Gewerbe, wenn dieselben einmal zu einiger Bedeutung gekommen waren, nachgehen können, wenn er auch nur öfters für die Kriegszüge seines Herrn in Anspruch genommen wurde? Wir sehen überall in Deutschland, daß teils schon sehr früh in den Gründungsurkunden der Städte ihre Dienstpflicht in der einen oder andern Weise, namentlich häufig auf die Landesverteidigung, und zwar in der Regel sogar auf ein sehr geringes Maß der Hilfe bei der Landesverteidigung beschränkt wird,[164]) teils die Städte aus eigenem Antrieb eine Beschränkung

neten) Diensten verbunden; ebenso das Thal Heimbach (Quix, Grafen v. Hengebach S. 116; Lac. Arch. VII, 118). Aber mit der Zeit schwand diese Pflicht mehr und mehr. Aus späterer Zeit führe ich noch an: „im Gericht Angermund [aus der Freiheit A. und dem Dorfe Rahm bestehend] sind keine Diensthöfe, Heerwagen, -karren, Dienst- oder Sattelpferde" (D., Lagerbuch der Kellnerei A. v. 1684, fol. 22).

[160]) Vgl. A. 158, 159, 169 ff.

[161]) Vgl. die Interpretation, die Siegel 245 A. 2 der betr. Stelle des östreichischen Landrechts gibt.

[162]) So ist 1419 der Hz. v. Berg bei Worringen, also außer Landes, mit seiner Ritterschaft allein im Felde (Koelhofsche Chronik, Städtechroniken XIV, 756).

[163]) Bürger, die außer Landes dienen, werden Annalen XV, 195 (1387), ferner Ratingen 1450 Febr. 27, „Hausleute", die außer Landes dienen, Lac. IV, 219 u. 402 (15. Jh.) erwähnt. Vgl. A. 66. — Übrigens ist zu bemerken, daß die Bauern, wenn ihr Dienst außer Landes erwähnt wird, thatsächlich wol häufig nur die Heerwagen mit Knechten oder auch blos Knechte zu den Heerwagen stellten; vgl. Fahne, UB. des Geschlechts Stael v. Holstein N. 116 (c. 1450).

[164]) Aus der Nachbarschaft s.: Cleve 1242 (Lac. II, 265): nur 6 Wochen bei einem feindlichen Einfall auf eigene Kosten (vgl. Cranenburg 1340 bei Gengler cod. u. Ubenheim 1359, Dithmar, cod. dipl. S. 20). Andere Privilegien erwähnen nicht genau die Beschränkung auf die Landesverteidigung, aber eine andere Beschränkung von demselben Wert: Wesel 1241 (Lac. II, 258):

der Dienstpflicht von ihren Herren erzwingen.[165] Eine Beschränkung finden wir denn auch in unsern Territorien. Die bergischen Städte waren nämlich nach einer Stelle des Ritterbuchs,[166] die (wie

ad expeditionem nostram non cogentur nisi ut nocte ad civitatem Wisel. possint redire, nisi sponte voluerint. Ziel u. Zandwijck 1361 (Nijhoff II, 109): einen Tag ad defendendam terram nostram seu ad ius nostrum prosequendum. Roermonde 1372 (Nijhoff III, 5): wanneer dat sij ons buyten haer stadt dienen, dat wir huen dan leveren sullen, gelijck ritteren ende knapen. Im übrigen vgl. Waitz VIII, 126 u. 154 f.; Warnkönig I, N. 9 (älteste Keure v. S. Omer 1127: si hostilis exercitus terram Flandrie invaserit); II, N. 184 (Poperinghen 1190: pro defensione corporis [des Grafen] vel honoris sui et terrae); märk. Forschungen I, 366; v. Maurer, Stadtverfassung III, 523. — Auch die Beschränkung des Kriegsdienstes der Bauern auf die Landesverteidigung wird nicht selten anerkannt: z. B.: Lac. IV, 671 (1269): im Gebiet des Herrn v. Schleiden müssen die Leute der Abtei Steinfeld ad defensionem terre, que dicitur lantweringhe, convenire; Lac. III, 898 (1385): die Leute des Grafen v. d. Mark, die in Berg sitzen, müssen dem clockenslage of waffengeruchte folgen (u. umgekehrt); f. unten A. 168 über Barmen. Vgl. noch Warnkönig III, N. 230, §. 3; märk. Forschungen I, 366 (1280); Balzer, zur Gesch. des deutschen Kriegswesens (Leipz. 1877) S. 1 A. 1 (zwischen der Folge bei Erhebung des Gerüftes und der Pflicht zur Landesverteidigung scheint nicht begrifflich unterschieden worden zu sein, wie ja denn auch sachlich wol beides ineinander floß). Aber erstens ist die Beschränkung eine geringere. Zweitens ist sie weniger allgemein. Ein Beispiel von unbedingter Kriegspflicht gibt ein Bericht über das Amt Montjoie v. 1536 (D., Ms., A. 253, fol. 92): so m. g. h. usszehen ader zu velde ligen worde ader emautz van s. f. g. wegen, so sal der gantz lantman nemantz davan ussgescheiden m. g. h. mit lif und guede, so wit und fern m. g. h. zehen worde, alzit gefolchlich sin biss zum ende (vgl. auch Annalen VI, 22). Drittens hatte die Anerkennung der Beschränkung für die Städter viel größeren Wert als für das Landvolk, da der Landesherr sich viel häufiger versucht fühlen mußte, die reichen Städter zu seinen Kriegszügen heranzuziehen als die armen Bauern.

[165] Die Nachrichten hierüber sind natürlich sparsam; daß aber derartiges vorgekommen ist, zeigen wenigstens die annales Colmar. ad a. 1282, SS. XVII. p. 208: cives Rubiacenses cum ceteris hominibus Argent. episcopi deliberaverunt, quod ei amplius non servirent nisi pecunie quantitate.

[166] S. A. 66. Ein Analogon bietet die Urk. des Bischofs v. Münster uber die Rechte der Burgmannen zur Nienborg v. 1359 (Kindlinger, münst. Beitr. III, 2, S. 418): „Die Bauern in dem Dorfe N. sollen nenen klockenslage ofte wapenrochte volgen vordere, dan de vrihet wendet, noch ock utbodinge to jenigerhande deneste: want er recht is, dat so dat hus und vrighet waren zolen, wanner de borchmanne utridet in unses stichtes denest; id ne were, dat unse und unses stichtes amptman und de borchmanne ofte de twe del der borchmanne eines anderen to rade worden."

unten zu zeigen) mit dieser Bestimmung für die erste Hälfte des 14. Jahrhunderts gilt, bei einer Fehde des Herrn nur dann zur Hilfleistung verpflichtet, wenn die Ministerialen in dem oben angegebenen Verfahren die Fehde als rechtmäßig anerkannt hatten. Von den jülicher Städten war freilich eine, Euskirchen, nach ihrer Gründungsurkunde von 1302 zu einem, wie es scheint, uneingeschränkten Kriegsdienst verpflichtet.[167] Allein aus diesem Privileg läßt sich, wie bereits bemerkt, betreffs der andern jülicher Städte kein Schluß ziehen, da es nicht von den jülicher Herrschern herrührt. Vielmehr spricht bei der Regelmäßigkeit, in der sich sonst in deutschen Territorien eine Beschränkung des städtischen Kriegsdienstes zeigt, — obwohl wir über die ältere Zeit in Jülich nicht unterrichtet sind — die Wahrscheinlichkeit dafür, daß auch die andern jülicher Städte nur zu beschränktem Kriegsdienst verbunden gewesen sind, und zwar wol ebenfalls schon in der ersten Hälfte des 14. Jahrhunderts. Nach dieser Zeit aber, d. h. nach Ausbildung der landständischen Verfassung, müssen die Städte in Jülich wie in Berg durch eine noch größere Beschränkung ihrer Kriegspflicht ausgezeichnet gewesen sein, als es die bergischen in der ersten Hälfte des 14. Jahrhunderts waren, wenn der Landesherr für den Abschluß eines Bündnisses, das für die Landstände doch hauptsächlich wegen der sich etwa daraus ergebenden Kriegsverpflichtungen in Betracht kam, der Zustimmung von Ritterschaft und Städten bedurfte.[168]

über die Wichtigkeit dieses Analogons unten. — Übrigens ist selbstverständlich, daß die im Text genannte Beschränkung nicht die einzige gewesen zu sein braucht, durch die die bergischen Städte in jener Zeit bevorzugt waren. Nach Mülheim 1322, wodurch den Bürgern Freiheit von der Stellung von Heerwagen gewährt wird (A. 158), könnte man sogar schließen wollen, daß sie, wenn sie nicht einmal Heerwagen zu stellen verpflichtet sind, noch weniger persönlichen Kriegsdienst zu leisten haben. Dieser Schluß wäre nun freilich übereilt. Denn die Bauern von Barmen, die auch von der Stellung von Heerwagen frei waren (Lac. Arch. VII, 275), waren doch zur Landesverteidigung verpflichtet.

[167] Si vero casu agente pro nobis vel pro amico nostro necessitas nos ad arma compellit, universi cives nos . . . quoque hora, quocumque nobis placuerit, armis et expensis suis comitabuntur. amicus ist wol der Verwandte oder Verbündete. — Unbeschränkt war in der Nachbarschaft die Kriegsdienstpflicht von Staveren 1298 (Nijhoff I, 53): bei einer expeditio . . . oppidani . . . servient nobis . . . ad ipsam expeditionem, quamdiu duraverit, in suis propriis expensis.

VI. Wenden wir uns von dieser Ausführung über die öffentlichen zu einer Betrachtung der privaten Lasten, die den Bürgern obliegen, so werden in einer Erhebungsurkunde Hauptrecht und Buteil beseitigt.[169]) In zwei andern werden dagegen die hofrechtlichen Abgaben, und zwar als persönliche,[170]) ausdrücklich vor-

[169]) Wir haben zudem aus der späteren Zeit auch für einzelne Städte Beweise für eine Beschränkung. So waren nach Urk. wahrscheinlich v. 1585 die dürener Bürger nur zu einem Dienst verpflichtet, wo sie mit der sonnen auss und in ziehen konnten (Materialien 633). Ferner entnehme ich einem Bericht über Heinsberg v. 1536 (D., Ms. A. 253, fol. 130): „In der Stadt H. sind 24 Bogenschützen, welche etlich furdel van u. g. l. h. und ouch der stat haben. Läßt der Hz. oder die Stadt sie uissgebieden zo deinst mit uirem harnesch und gezuige, so muß sie der Hz., resp. die Stadt [immer wer sie aufgeboten hat] verpflegen). Ebenso verhält es sich mit 24 Büchsenschützen. Werden sie buissen lands von dem Hz. geboten, dann zieht der Vogt mit ihnen; wenn von der Stadt, so einer der Bürgermeister." Ähnlich heißt es über Ratingen 1634 (Lagerbuch von Angermund fol. 26): „s. f. dl. tnen . . . den alten und jungen schutzen zu R. auss gnaden von dem schatz bezalen . . . Dargegen lest m. g^ster h. zu s. f. dl. gefallen in der eile die schutzen gebrauchen. dar man irer von noten hat." Hält der Landesherr es fur erforderlich, die städtischen Schützen durch Besoldung sich noch besonders zu verbinden, so ist gewiß die städtische Kriegspflicht eine beschränkte. — Ob die in Materialien 139 ff. erwähnten Schützen ähnlicher Art waren, ist nicht ersichtlich, aber wol möglich. — Unbestimmt ist das Privileg für Jülich v. 1416 (s. A. 153), welches schließt: und wan wir . . . alle . . . vorg. puncten [den Bürgern v. J.] gegonnet . . . haben, so ist auch mit . . . klar ausgetätiget, dass die Bürger dem Hz. auf sein Ansuchen zu dienst kommen solten mit harnisch und mit pferden nach irem vermögen, als oft uns auf [lies: of] unssern landen der not geburet; doch solten die geerbte binnen G. vorg., die geine accinsen in gulden [!], in den diensten mit pfert nnd harnisch [offenbar sc.: nit] vorder verbonden seint, dan sie vor gewonlich seint gewest. Abgesehen von der Unklarheit dieses Zusatzes, der übrigens offenbar eine bestehende Beschränkung des Dienstes voraussetzt, fragt es sich, was not bedeutet. Vgl. das barmer Weistum, Lac. Arch. VII, S. 274 (15. ober 16. Jh.): falls ein kloickenslaich queme, dat u. g. h. noit hedde, so sal . . . ein ider mit siner bester gewer . . . folgen dem kloickenslaege met op dei vuir, dar dusse friheit wendet; wenn aber u. g. h. selver mit dem banner im velde were, so sollen wi u. g. l. h. folgen nach alle unsem vurmaego und helpen s. g. lant und liede beschuedden. Hier geht noit also auf einen feindlichen Angriff. Dagegen steht es in weiterm Sinne teclend. Dienstrecht §. 4. — Unbestimmt sind auch Ratingen 1450 Febr. 27 und 1461 Febr. 6.

[169]) Blankenberg 1245 §. 19.
[170]) Münstereifel 1197: Mancipia, que in prephata villa anni spacium compleverint, ad extera placita nec venient nec citentur. Domno suo

behalten;[171]) von einer dritten Stadt wissen wir ferner aus einer spätern Urkunde,[172]) daß sie bei der Gründung nicht sämtlich[173]) aufgehoben sind. Und auch sonst wird nicht überall mit der Gründung der Stadt volle Freiheit der Personen eingetreten sein.[174])

annuatim et in morte sua debitam persolvant iusticiam. Also trotzdem sie nach einem Aufenthalt von Jahr und Tag in der villa in dem Genuß der den Bewohnern derselben zustehenden Rechte geschützt werden, bleibt die persönliche Abhängigkeit der mancipia durch die Verpflichtung zur Zahlung dieser Abgaben anerkannt. Die Stelle ist wichtig für eine vorurteilsfreie Erklärung des Satzes von Jahr und Tag. Vgl. A. 240. Wipperfürth 1222: singuli in mem. oppido degentes cuiuscunque conditionis dominis suis sive ecclesiis, quibus pertinent, debita servitia et iura exhibeant.

[171]) Wenn die Bürger bei der Gründung einer Stadt allgemein von der exactio befreit werden (s. A. 139), so wäre es sprachlich zulässig, darunter die Befreiung von hofrechtlichen Abgaben mitzuverstehen (s. Waitz V, 241 A. 3, wo exactio Hauptrecht bezeichnet). Aber daß man sie thatsächlich nicht darunter verstand, zeigen die Urkunden für Gerresheim und Mettmann v. 1368 u. 1424, welche die von den ältern Urkunden unter dem einen Wort exactio zusammengefaßten Abgaben einzeln aufzählen.

[172]) Euskirchen 1322: concedimus omnibus exercentibus officia seu opera manualia, qui nunc morantur in oppido nostro, et qui intrant ad morandum seu habitandum, quod de suis officiis plena gaudeant libertate ad decem annos immediate subsequentes, ... et erunt quiti ac liberi de bonis suis mobilibus seu de parato [b. i.: gereide] bono eorum tempore pred.; sed si hereditatem emerint, de illa solvent medietatem eius, quod alii cives de E. solvunt et dant proportionaliter de sua hereditate; predictis autem decem annis transactis solvunt et dabunt integraliter sicut alii cives. Item omnes exercentes officia intrantes pred. oppidum nostrum ad morandum liberi sint et quiti, ut predictum est, pistoribus et braxatoribus exceptis, qui solvent sicut alii pistores et braxatores, pui nunc intus morantur.

[173]) Vgl. nach A. 175.

[174]) Man muß das mit Rücksicht auf die Städte anderer Territorien annehmen. Im J. 1343 gibt der Gf. v. Ravensberg den litones sive homines des Klosters Herzebrock, die iure servili seu proprietatis zu dem Kloster gehören, das Recht, daß sie in oppido nostro Bilveldensi moraturi poterunt gaudere ... eo iuri, quo alii oppidani nostri in ipso gaudent ...; ea tamen conditione, quod, quicquid de bonis hereditariis tam mobilibus quam immobilibus pred. homines post se reliquerint, illud integraliter ... monasterium pref. tanquam de aliis ipsius monasterii litonibus licite percipiat sive tollat, bona tamen immobilia infra annum oppidanis ... vendendo: nobis vero herwardiis ... salvis permanentibus (Kindlinger, Hörigkeit, Urkden N. 91; vgl. 45, 68 u. 92). Und dabei war Bielefeld seit mehr als 100 Jahren schon Stadt. Übrigens sieht man aus der Urkunde, wie daneben auch das Interesse der Stadt wahrgenommen wurde. Vgl. noch Recklinghausen 1235 (Lac. II, 204), wo sich ein mit Münstereifel 1197 (s. A. 170) übereinstimmender

Noch weniger aber als die Befreiung der Person ist eine allgemeine Befreiung von den dinglichen Banden des Hofrechts mit der Erhebung eines Orts zur Stadt verbunden gewesen.¹⁷⁵) Beides — das erstere allerdings früher als das andere — ist meist erst Folge der städtischen Entwickelung, wiewol es nach seiner Durchführung andererseits auch wieder befruchtend auf dieselbe zurückgewirkt hat.¹⁷⁶)

Satz findet; ferner Wesel 1241 (Lac. II, 258), Dorsten 1251 (II, 370), u. Lechenich 1279 (Grimm, Weistümer II, 792 ff.).

¹⁷⁵) Düsseldorf 1297 verleiht der Graf die Rheinfähre in D. 5 Bürgern erblich mit der Bestimmung, daß von dem officium keine Kurmede gegeben werden solle. Wenn diese Bestimmung nötig war, so ist das gewiß ein Zeichen, daß in der Stadt die Kurmeden noch nicht verschwunden waren. Euskirchen 1302 wird bestimmt, daß die Bürger pro hac libertate, quam indulsimus nostrae urbi, de singulis areis eine jährliche Abgabe von 6 denar. und 2 capones (zu S. Martin) zahlen sollen. Nun kommt das Rauchhuhn zwar auch als öffentliche Abgabe vor (s. A. 93). Allein im zweifelhaften Falle ist es doch wol mit größerer Wahrscheinlichkeit als Abgabe der Leibeigenschaft zu nehmen (vgl. Arnold, Eigentum in den deutschen Städten S u. 35), und so wird es denn auch hier, zumal im Zusammenhang mit den andern Zeichen der Leibeigenschaft, die sich in E. finden, wol anzusehen, die Bedeutung der bei der Gründung getroffenen Maßregel dahin zu fassen sein, daß die ursprünglich persönliche Abgabe in eine dingliche umgewandelt wird (vgl. Arnold a. O.). Die Abgabe bestand übrigens nachweislich noch im 16. Jh. (Ritter 17 a. E.). Mit noch größerer Wahrscheinlichkeit als die euskirchener Kapaunen darf man das Huhn, das jedes Haus der Freiheit Monheim zu Martini an S. Gereon gab (Erf. Berg 197), als eine verbindliche Abgabe des Hofrechts bezeichnen. — Aus den angeführten Stellen aus Münstereifel 1197, Wipperfürth 1222, Blankenberg 1245 und Düsseldorf 1297 folgt nicht, daß vor der Erhebung zur Stadt alle Bewohner des Orts im Hörigkeitsverhältnis gestanden haben; es könnte eine Anzahl sich vielleicht nur in Vogtei befunden haben. Anders in Euskirchen. Denn hier gaben alle Häuser Kapaunen. Und wenn ferner bei der Gründung der Stadt 1302 der Herr mit den Worten: „cives nulla feriarum opera nobis per ebdomadas facient, nisi forte sibi aut reipublicae opus exerceant" auf die Frondienste verzichtet, so ergibt sich aus denselben, daß die Frondienste vorher eine Last der Gesamtheit der Ortseinsassen waren. Ebenso aber müssen auch in Monheim alle Einsassen ursprünglich Hörige von S. Gereon gewesen sein.

¹⁷⁶) Als Endpunkt der Entwickelung betreffs der Qualität der Güter führe ich an: 1634 heißt es über Ratingen (Lagerbuch v. Angermund fol. 26): „Im Gericht R. sind keine Hof- oder Latengerichte, keine Lehengüter, keine Edelleutehäuser, auch keine freie gueter, dan die hove und gueter, so umb R. in der burgerschaft gelegen, sein burgergutter und der stat mit dienst verpflicht" (vgl. übrigens schon Kessel, Ratingen II, 49, vom J. 1403). Natürlich aber war mit dieser Qualität der Güter die Abgabe eines Huhns als dingliche Last noch sehr wohl verträglich.

VII. Haben wir bisher gesehen, wie die öffentlichen und privaten Abgaben und Leistungen der Bürger im Verhältnis zu denen der Bewohner des platten Landes bei der Gründung der Stadt oder in ihrer weiteren Entwickelung geregelt und zwar, wie sich uns ergeben hat, doch wesentlich beschränkt wurden, und mußte schon durch diese bloße Befreiung von drückenden Lasten das wirtschaftliche Gedeihen der Stadt mächtig gefördert werden, so haben es sich die Landesherren aber auch weiter angelegen sein lassen, das Wohl ihrer Städte durch positive Maßregeln zu fördern. Namentlich[177]) ist das geschehen durch Verleihung von Marktprivilegien.[178]) Der Besitz eines Marktes galt als zum Wesen einer Stadt gehörig.[179])

Die mittelalterliche Stadt war nun aber nicht blos ein durch Beschränkung der öffentlichen und privaten Leistungen und durch Privilegien, die auf das materielle Wohl positiv wirkten, bevor-

[177]) Außerdem kommen hier z. B. die Acciseprivilegien in Betracht, über die unten in anderm Zusammenhange mehr.

[178]) Euskirchen 1322: erhält einen freien Wochenmarkt cum omnibus libertatibus, que in aliis foris inveniuntur, et articulis infrascriptis: damus enim pacem, treugas ac firmum conductum omnibus venientibus ad forum pred. cum bonis suis veniendi et redeundi absque dolo, ita quod nec arrestari poterunt nec teneri aliquo modo, exceptis illis, qui sunt exclusi a gracia nostra; ferner einen Jahrmarkt mit denselben Rechten. Randerath erhält 1509 1 Wochen= u. 3 Jahrmärkte (D., Caus. Jul. IV, fol. 325), Nideggen 1573 3 Jahrmärkte, da in der Stadt gar keine narung und kaufmanschaft getrieben, dadurch sie dan ins gemein sich mit irer haussshaltung schwerlich behelfen teten (a. O. fol. 291 b). — Blankenberg 1245. Düsseldorf 1288 (1 Wochen= u. 2 Jahrmärkte) u. 1371 (1 Wochenmarkt na gewonheit anderer unser stede und sunderlinge unser stat van Ratingen). Lennep 1325 (besonders gefreit: 1 Wochen= u. 1 Jahrmarkt). Gerresheim 1368. Solingen 1374. Mettmann 1424. Ratingen erhält 1510 Mai 30 sogar das Recht, daß unse huissluide des Amts Angermund, wenn sie Getreide verkaufen wollen, es stets, bevor sie es anderswahin foeren, erst auf den der Stadt R. ehemals verliehenen Wochenmarkt zu veilen kouf brengen müssen. — Übrigens hatten auch nichtstädtische Gemeinwesen vereinzelt Märkte: so erhält 1594 Niedercassel (Amt Löwenberg) 2 Jahrmärkte, 1596 das Dorf Wermelskirchen zu dem Jahrmarkt, den ihm Hz. Wilhelm (1539—92) verliehen, noch einen (D., Caus. Mont. V., fol. 11 b u. 30 b).

[179]) Das zeigt die Urk. v. 1371 für Düsseldorf in Anm. 178. Auffallend ist nur, daß manche Städte, wie Nideggen (A. 178; ebenso erhält Angermund erst 1594 4 Jahrmärkte (a. O. fol. 16 b), während es vorher noch keine hatte), so spät erst Jahrmärkte erhalten. Wochenmärkte hatten sie dagegen wol schon früher gehabt.

zugtes Gemeinwesen: wesentlich waren ihr gewisse Momente der Selbständigkeit. Diese lagen auf dem Gebiete des Gerichtswesens und der inneren Verwaltung.

VIII. Was die Verhältnisse des Gerichts betrifft, so besteht die Selbständigkeit der Stabt in dieser Hinsicht darin, daß das Stabtgebiet regelmäßig [180]) als ein eigener Gerichtsbezirk [180a]) konstituiert wird, die Stadt das Nichtevocationsrecht, [181]) ferner teilweise einen Anteil an der Bestellung des Richters, [182]) durchgehend

[180]) Von den Freiheiten, bei denen das zum Teil nicht der Fall war, s. A. 198.

[180a]) Nicht als wesentlich für das Vorhandensein eines eigenen Gerichtsbezirkes kann es angesehen werden, daß der Richter, der in demselben richtet, nur in dem einen Gerichtsbezirke allein richtet. Denn sonst wären die Landgerichte, von denen regelmäßig eine größere Zahl ein und demselben Richter unterstellt ist, keine selbständigen Gerichtsbezirke. Unter den bergischen Städten haben denn auch mindestens 2 nicht solche Richter, die nur im Stadtgerichtsbezirk richten (s. A. 182).

[181]) Münstereifel 1197. Blankenberg 1245 §. 15. Düsseldorf 1288 (mit Ausnahme der Fälle, in denen die Bürger von D. in Kreuzberg dingpflichtig sind, s. A. 190).

[182]) In Wipperfürth gab es ursprünglich zwei Richter: der eine richtete de potestate et causis superius iudicium contingentibus, der andere de debitis et caeteris causis ea contingentibus; den ersteren mußte der Graf aus den Schöffen, den letzteren aus den Ratmannen nehmen (so verstehe ich die Priv. v. 1282 u. 1347); seit 1347 aber gab es nur einen Richter, den der Graf aus den Schöffen nehmen mußte (so auch noch im 16. Jh.: Erk. Bg. 142). In Radevormwald wird aus den 10 Schöffen alzeit einer zu dem burgermeister gesatzt, welcher das zweite jar zu einem richter ... verordnet wirt, und geschicht solchs alles durch die gemeinde (Ztschr. IX, 48: 16. Jh.). Nach Plönnies (Ztschr. XIX, 93 ff.) war es (wie in Radevormwald) im 18. Jh. in den bergischen Städten Regel, daß der Bürgermeister das nächste Jahr Richter wurde; in unserer Zeit bestand jedoch diese Regel wol kaum. Allerdings finde ich im J. 1573, daß der Hz. den Bürgermeister von Düsseldorf zum Schultheißen von D. bestellt (D., Ms. B. 84 f, fol. 187). Allein der Vorgänger dieses Schultheißen war schon von 1555 an Schultheiß; für D. gilt also die Angabe P.s in dieser Zeit nicht. In den Städten Solingen und Ratingen nehmen ferner die Richterstelle die Richter der Ämter Solingen und Angermund ein (Erk. Bg. 170 u. 174 ff.; ebenso versehen im Jülichschen z. B. die Vögte der Ämter Geilenkirchen und Caster die Richterstelle in den betr. Städten: D., Caus. Jul. IV, fol. 257b u. 322b); diese aber sind doch gewiß vom Landesherrn ganz nach freier Wahl ernannte Beamte. Eigene Stadtrichter gab es in Berg außer für Wipperfürth, Radevormwald und Düsseldorf noch für Blankenberg, Lennep und vielleicht (was jedoch kaum wahrscheinlich ist) Gerresheim (Erk. Bg. 129, 158 u. 172). Ob für diese 3 die Angabe P.s zutrifft, vermag

aber die Wahl der Schöffen[183]) und die des Fronboten[184]) erhält und ihr ein Anteil an den Gerichtsgefällen gewährt wird. Aber der Träger der Gerichtsgewalt bleibt der Landesherr:[185]) er setzt den Richter ein,[186]) wälbigt die Schöffen an,[187]) bezieht auch einen, und zwar den unverhältnismäßig größeren[188]) Teil der Gerichts=
gefälle. Was die Kompetenz angeht, so sind einige Stadtgerichte gleich bei ihrer Gründung mit der vollen Gerichtsbarkeit ausge=
stattet worden;[189]) andere haben nachträglich die hohe Gerichts=

ich nicht zu sagen. — Als eine besondere, für einen einzelnen Fall geltende Vergünstigung erhält Düren 1458 oder 1459 das Recht, den Amtmann (der damals zugleich Richter ist) zu wählen (daß später wieder der dürener Stadtschultheiß durch den Hz. eingesetzt wird, ersieht man aus Materialien 106).

[183]) Blankenberg 1245 (ergänzen sich durch Cooptation). Ratingen 1276: 8 Schöffen (bei Abgang eines Schöffen präsentieren die scabini superstites et alii opidani tres viros dem Grafen); ebenso Düsseldorf 1288. Wipperfürth 1347: 12 Schöffen (durch die oppidani jährlich gewählt). Radevormwald: 10 Schöffen (Ztschr. IX, 49). Gerresheim und Mettmann hatten 6, Solingen und Gräfrath (durch burgermeister und scheffen gekorn und durch den richter van wegen m. g. h. beeit) nur je 4 Schöffen (Erk. Bg. 168 u. 172). Münstereifel hatte 7 Schöffen (Lac. Arch. VII, 87 f.). — Nach der Gerichts=
ordnung v. 1555 (Ausg. v. 1556 S. 5 f., Maurenbrecher Kap. 2 u. 3) sollten mindestens 7, höchstens 11 Schöffen an jedem Gericht sein; bei Abgang eines Schöffen soll das „Gericht" 2 oder 3 Personen dem Amtmann, wie solichs van alters herkommen [vielleicht bei den Landgerichten!], präsentieren. — Keine Schöffen gab es nur in den Freiheiten Burg und Beyenburg (Erk. Bg. 155 u. Ztschr. IX, 49: der Umstand weist das Recht).

[184]) Ratingen 1276. Gerresheim 1368. Solingen 1374. Mettmann 1424.

[185]) Gut drücken das die Küren von Ratingen aus: „Bürgermeister und Rat richten (s. A. 235) über Scheltworte, Faustschläge, legenheissen, boese moender of vurreder geschoulden, dat an lif ofte ane ere [Kessel: one!] treft, dat niemant vulgen en woilde, ass recht is, dat kundig were, und bestrafen die 3 ersten Fälle mit 4 Schill., die andern mit 1 Mk. brab. [der Stadt höchste Kur; s. Planck, Gerichtsverfahren 1, 27]. Woilde dan iemantz den argesten worden vulgen, ass der stat rechte were, dat wisden sie an die herschaft ind au ire gerichte."

[186]) Vgl. A. 182. Man muß ohne Zweifel auch in den Fällen wie bei dem Gericht von Radevormwald (s. A. 182) eine Bestätigung des Richters durch den Landesherren annehmen, zumal in Anbetracht der Stellung, die die Organe der städtischen Autonomie im engeren Sinne (s. A. 210—13) haben.

[187]) S. A. 183, Ratingen 1452 März 3 u. Erk. Bg. 129, 163 u. 168.

[188]) Z. B. Ratingen 1276: der Gf. 5 sol., oppidani 20 den.; in andern Fällen jener 5 Mk., diese 5 sol.

[189]) Ratingen 1276. Wipperfürth 1282 u. 1347 (s. A. 182). Lennep 1325 (die Bürger erhalten einen Galgen; vgl. Luschin 224). Vgl. übrigens oben A. 120 u. 121.

barkeit hinzuerhalten;[190]) bei einigen ist es jedoch bei einer geringeren Kompetenz geblieben.[191]) Unter den Bestimmungen, die die Privilegien über das Gerichtsverfahren enthalten, findet sich meistens eine den Konsultationszug ordnende.[192]) Wo unsere Landesherren die Gründer der Städte waren, scheinen sie stets Orte, die unter ihrer Gewalt standen, zu Konsultationsstätten bestimmt zu haben;[193])

[190]) Nach Münstereifel 1197 richtet der centurio cum scabinis nur de aliqua alicuius rei emptione vel mensura; später hat das Stadtgericht von M. aber auch die volle Gerichtsbarkeit. Düsseldorf erhält 1371 einen Galgen (mit Unrecht bekämpft Gengler, cod. 938 A. 68 Lac.'s Ansicht), während es nach d. Priv. v. 1288 für die wichtigsten Sachen noch in Kreuzberg dingpflichtig war. Solingen besitzt nach Priv. v. 1374 die hohe Gerichtsbarkeit nicht; später, als bedeutendste Stadt des gleichnamigen Amtes, hat es sie wol aber gehabt.

[191]) Die Freiheiten Mülheim und Mettmann erhalten 1322 u. 1424 die hohe Gerichtsbarkeit nicht; von Mülheim steht es fest, daß es sie auch später nicht erworben hat (Lac. Arch. VII, 308 A. 1). Gerresheim 1368 enthält nichts über die Kompetenz; da aber Solingen 1374 mit Recht v. G. bewidmet wurde (s. A. 127) und dieses die hohe Gerichtsbarkeit nicht erhielt, so hat sie wol auch nicht G. gehabt. Ob nun G. sie später erhalten, ist nicht klar.

[192]) Nach Kühns, Gerichtsverfassung in Brandenburg II, 542 ist es ein Kriterium des Konsultationszugs, daß er an einen „höheren" Gerichtshof geht. Daß diese allerdings sehr verbreitete Ansicht nur in beschränktem Maße zutrifft, zeigt z. B. das Verzeichnis in Anm. 193. — Wenn die Privilegien nur die Konsultationsstätten angeben, während die Erkundigungen von 1554/5 (Erk. Bg. und die leider nur teilweise erhaltene über Jülich, Lac. Arch. III, 300 ff.) neben diesen regelmäßig auch den Ort der Appellation nennen, so entspricht das dem allgemeinen Gang des deutschen Gerichtsverfahrens. Übrigens bestehen betreffs der Appellation Verschiedenheiten zwischen Jülich und Berg. 1. In Berg geht regelmäßig von Stadt-, Land- und Hofgerichten (Appellation von Hofgerichten in Berg übrigens nur einmal [Erk. Bg. 191 unten] erwähnt) die Appellation direkt an den Herzog, in Jülich dagegen erst an ein anderes Gericht (Hauptgericht Jülich u. s. w.). II. In Jülich fällt regelmäßig die Stätte der Appellation mit der der Konsultation zusammen, in Berg dagegen nicht. Merkwürdigerweise nun scheint die Gerichtsordnung v. 1555 nur an die Verhältnisse in Jülich gedacht zu haben, wenn sie von der Appellation an das „nächste ordentliche Obergericht" spricht (Ausg. v. 1556, S. 31 u. 67). Die Revision v. 1564 spricht wenigstens an einer Stelle daneben von einer Appellation direkt an den Herzog (Kap. 37 bei Maurenbrecher; dagegen Kap. 34 u. 66 ganz wie in der Ausg. v. 1556).

[193]) Ratingen 1276, Solingen 1374, Rabevornwald und Beyenburg (Ztschr. IX, 48): Lennep. Wipperfürth 1282 und Lennep 1325: Siegburg (vgl. Erk. Bg. 142 u. 158). Düsseldorf 1288 u. Gerresheim 1368: Ratingen. Mülheim 1322: Berenlubbe. Mettmann 1424: Gerresheim (vgl. Erk. Bg. 171). Hückeswagen: Wermelskirchen; Elberfeld: Kreuzberg; Monheim: Düsseldorf; Gräfrath: Solingen; Angermund: Kreuzberg (Erk. Bg. 156, 160, 162,

da jedoch auch Städte zu dem alten Lande später hinzuerworben worden sind, fand sich auch ein Konsultationszug nach auswärts,[104]) den man dann im 16. Jahrhundert zu beseitigen sucht.[105]) Von den andern prozessualischen Bestimmungen der Privilegien treten besonders hervor solche über das Zeugnis[106]) und über Einschränkung des Zweikampfes.[107]) Auf dem Gebiet des Gerichtswesens liegt

167, 173). Burg: in meines g. h. kamer zur Borg (Erk. Vg. 155). Also alle Städte im engeren Sinne haben ihre Konsultation an Stadtgerichten; ebenso, mit Ausnahme von Mülheim, die Freiheiten, die Stadtgericht haben (s. A. 198); diejenigen Freiheiten dagegen, die kein Stadtgericht haben, nicht. — Beispiele von erfolgten Konsultationen s. Kessel, Ratingen II, 109, 120, 144 (1477—1513).

[104]) Blankenberg (Erk. Vg. 129) und Düren (Materialien 106): Aachen. Lac. Arch. III, 373: „Euskirchen hat seine Konsultation und Appellation in Düren, von da nach Aachen, von da an das ksl. Kammergericht; aber den scheffen ist der bericht beschehen, daß sie ihre Konsultation wol wie bisher in Düren nehmen, von da aber nicht nach Aachen, sondern an den Herzog appelliren sollen; von ihm an das ksl. Kammergericht nur in einer Sache über 400 Goldgulden."

[105]) S. A. 194. Damit hängt es wol auch zusammen, wenn die Konsultation von Blankenberg in Aachen in menschen gedencken nicht geschehen ist (Erk. Vg. 129; vgl. ebenda 137 über das Landgericht Windeck [über Neunkirchen s. S. 129]). Vgl. Stobbe, Rechtsquellen II, 64 ff. und Ztschr. f. schles. Geschichte XIX, 113.

[106]) Ratingen 1276: nullum in dicto opido nostro testimonium recipietur aut valere poterit, nisi ad minus duorum testimonium scabinorum. Ähnlich Düsseldorf 1288, Gerresheim 1368, Solingen 1374, Mettmann 1424; vgl. auch Blankenberg 1245. Um das Gerichtszeugnis kann es sich hier nicht handeln, schon weil dazu auch notwendig immer der Richter gehört haben würde (Planck, Gerichtsverfahren II, 159). Vielmehr ist die Sachlage ohne Zweifel folgende. Der ausgedehnte städtische Verkehr begnügte sich nicht mit dem Gerichtszeugnis des Landrechts; er verlangte eine Erweiterung (v. Maurer, Stdtverf. III, 708; Planck I, 839 ff.). Darum wurde vielfach auch das Zeugnis anderer Personen als der zum Gerichtszeugnis unentbehrlichen anerkannt (v. Maurer a. O.; Planck I, 489 u. a. O.). Das geschieht nun auch hier; aber es wird dabei die Einschränkung gemacht, daß die Zeugen Schöffen sein sollen.

[107]) Münstereifel 1197: Zweikampf nur de mortiferis vel manifestis vulneribus gestattet; ähnlich scheint Ratingen 1276 und Düsseldorf 1288 zu sein. Blankenberg 1245 §. 2 u. 3: ein Bürger darf nur von einem Bürger und nur umb einen doitschlag mit offenen wunden of umb noitzucht und Heimsuchung zu Kampfe angesprochen werden. Vgl. v. Maurer a. O. III, 734; Waitz VIII, 85. — Wie ein Zug auf Einschränkung des Zweikampfes in den Städten durch die Zeit ging, so bemerkenswerter Weise auch einer auf Einschränkung des Zweikampfes unter Ritterbürtigen: s. das kölner Dienstrecht §. 7 (und dazu Frensdorff S. 30), ferner das steiermärk. Privileg v. 1237 oben: A. 53 und das Privileg v. 1280 im mecklenb. UB. II, 1550.

nun auch), wie oben bemerkt, die Verschiedenheit der bergischen Freiheit von der Stadt. Und zwar finden sich einige, teilweise Unterschiede schon auf dem hier besprochenen Gebiete des ordentlichen Gerichts. Zunächst nämlich besitzen von 9 Freiheiten 4 überhaupt kein eigenes Stadtgericht, sind vom Landgericht nicht exemiert.[198]) Indessen dies ist eben doch kein durchgehender Unterschied. Nach einem Zeugnis des 18. Jahrhunderts[199]) sind ferner die Freiheiten dem Amtsrichter unterworfen, während die Städte einen eigenen Richter haben sollen. Allein wenigstens in unserer Zeit ist auch dieser Unterschied kein durchgehender, indem von 8 Städten mindestens[200]) zwei[201]) ebenso wie die Freiheiten unter dem Amtsrichter stehen.[202]) Einen durchgehenden Unterschied werden wir erst auf dem Gebiete der außerordentlichen Gerichtsbarkeit des Rates finden.[203])

[198]) Burg, Hückeswagen, Elberfeld, Angermund: Erl. Bg. 155, 156, 160 u. 176. — Es wäre die Frage, inwieweit diese 4 Freiheiten überhaupt noch zu den städtischen Gemeinwesen zu rechnen sind. In der Anschauung der Zeit galten sie offenbar dafür, da sie mit den andern 5 Freiheiten, die unzweifelhaft städtischen Charakter haben (s. die Priv. für Mülheim u. Mettmann u. Erl. Bg. 163, 168, 171 u. Ztschr. IX, 49, wo den Freiheiten Monheim, Gräfrath, Mettmann und Beyenburg ausdrücklich statrecht oder burgrecht zugeschrieben wird), in eine Klasse gerechnet werden. Und auch thatsächlich teilten sie ja abgesehen von der Gerichtsbarkeit die Rechte, durch die die Städte vor dem platten Lande ausgezeichnet waren, mit diesen (s. A. 125, 140, 147, 153, 159, 179, 225 u. 231). Wir haben also hier gegenüber dem sonstigen Charakter der mittelalterlichen Stadt, der auch einen eigenen Gerichtsbezirk verlangt, eine Anomalie zu konstatieren.

[199]) Plönnies sagt 1715 (Ztschr. XIX, 99), Elberfeld (das früher Freiheit war) sei nach seiner Erhebung zur Stadt dem Amtsrichter nicht mehr unterworfen „und genieße also eine völlige Freiheit einer Stadt".

[200]) Möglicherweise auch Gerresheim, s. A. 182.

[201]) Ratingen u. Solingen, s. A. 182.

[202]) Von den Freiheiten hat Angermund neben dem Amtsrichter zwar noch einen eigenen Richter, aber doch nur für bürgerliche Sachen (Erl. Bg. 175). — Andererseits giebt es auch wieder vereinzelt Landgerichte, die nicht unter dem Amtsrichter stehen, sondern einen eigenen Richter haben: so die Landgerichte Mintert, Radevormwald und Lutterkusen (Erl. Bg. 175 u. Ztschr. IX, 49). Durch diese Thatsache verliert Plönnies Angabe für unsere Zeit noch mehr an Bedeutung. — In der Freiheit Beyenburg ist der Richter übrigens nicht der Amtsrichter, sondern der Richter des Hofgerichts Mocßbleck (Ztschr. IX, 49).

[203]) In der Kompetenz des ordentlichen Gerichts liegt kein durchgehender Unterschied. Denn obwol manche Freiheiten (s. A. 191) blos die niedere Gerichtsbarkeit haben (im Gegensatz übrigens auch nur zu einigen

IX. Besitzt bei aller Selbständigkeit, die der Stadt im Gerichts=
wesen zukommt, der Landesherr doch die eigentliche Gerichtsgewalt,
so ist das Gebiet der städtischen Autonomie die innere Verwaltung.
a) Die städtischen Organe hierfür sind Bürgermeister und Rat.[203a]
Einen Rat erwähnen freilich von den Erhebungsurkunden nur 2,[204]
und es bleibt somit zweifelhaft, ob in den andern Städten, wie es
bei mittelalterlichen Städten ja häufig ist,[205] in der ersten Zeit
das Schöffenkollegium die Stelle des Rates mit vertreten hat,[206]
oder ob die Erhebungsurkunden die Einsetzung eines Rates als
selbstverständlich nicht besonders erwähnt haben.[207] Jedenfalls
begegnen wir auch in den Städten, deren Gründungsurkunden die
Einsetzung nicht erwähnen, sehr bald einem Rat.[208] Bürgermeister

---

Städten), so hat dagegen Angermund die volle Gerichtsbarkeit (Erk. Bg. 175).
Und ebenso dürften sie Burg, Hückeswagen und Elberfeld — die einzigen
öffentlichen Gerichte in den betr. Ämtern (Erk. Bg. 155, 156, 160) — gehabt
haben.

[203a] Die Frage, inwieweit neben Bürgermeister und Rat die Schöffen an
der städtischen Verwaltung Teil hatten (f. A. 234a), und ebenso die, inwieweit
die Gesamtheit der Bürger es hatte, übergehe ich.

[204] Wipperfürth 1282 (vgl. übrigens A. 120): 12 Ratmannen. Mett=
mann 1424.

[205] Vgl. z. B. Gierke I, 271; Hegel, Städtechroniken 14, S. XLIV;
Planck, Gerichtsverfahren I, 25; Zeumer 63 (über Bonn). Ferner Erhebungs=
urkunden von Zütphen 1190, Emmerich und Arnheim 1233 (Slichtenhorst 565;
Lac. II, 191; Bondam III, N. 11): die cives wählen 12 Schöffen, quorum
consilio eadem civitas regatur; später aber finden sich hier überall Räte
(f. z. B. Nijhoff I, 33: 1291).

[206] Dies dürfte für Euskirchen zweifellos sein, wenn nach Priv. v. 1922
die Schöffen die Kurmeister wählen (f. A. 219) und dasselbe Priv. scabinis et
universis oppidanis von E. gegeben ist. Das letztere Moment allein für sich
würde freilich die Sache noch nicht erweisen; denn in Urk. v. 1363 bei Lac.
Arch. IV, 147 erscheinen (neben Schultheiß u. Bürgermeister) auch nur Schöffen
u. universitas (nicht aber der Rat) als Vertreter der Städte Ratingen, Düsseldf.,
Wipperfürth, Lennep, während dieselben damals nachweislich schon einen Rat
hatten (f. A. 204 u. 208). Darum kann man auch nicht Urk. v. 1347 bei
Lac. III, 464 dafür anführen, daß noch in andern jül. Städten (außer Eus=
kirchen) die Schöffen ursprünglich die Stelle des Rats eingenommen haben.

[207] Dafür, daß ein Rat von Anfang an in den bergischen Städten be=
standen hat, möchte der Umstand sprechen, daß Siegburg, das doch Vorbild bei
ihrer Gründung gewesen zu sein scheint, sicher schon vor 1282 einen Rat gehabt
hat (v. Ledebur IX, 279).

[208] In Düren 1277, in Jülich, Zülpich, Münstereifel 1358; in Ratingen
1343, in Lennep und Düsseldorf 1358, in Gerresheim (1368 gegründet) 1392.

und Rat werden gewählt.[209]) Jedoch zeigt sich auch hierin ein Eingreifen des Landesherrn, indem er bei der Ordnung des Wahl= modus mitwirkt,[210]) ferner Bürgermeister und Rat ihm vereidigt,[211]) ja nach einer Urkunde des 13. Jahrhunderts sogar beide[212]) mit seinem „Rat", nach einer des 15. wenigstens der Bürgermeister[213]) mit seinem „Willen und Rat" gewählt werden. b) Was die Gegenstände der städtischen Autonomie betrifft, so werden in den Urkunden besonders[214]) hervorgehoben: Das Befestigungswesen,[214a]) die militärische Organisation der Bürger,[215]) die Stadtmarkt= angelegenheiten,[216]) die Bau=, Straßen= und Marktpolizei,[217]) das

Die allgemeine Verbreitung des Ratsinstituts im 15. Jh. wird durch die Aus= schreiben zu den Landtagen belegt. Vgl. auch A. 113 u. 125.

[209]) Regelmäßig finde ich bloß einen Bürgermeister erwähnt, während in Siegburg, das doch auf die Verfassung der berg. Städte von Einfluß gewesen ist, stets, wenigstens soweit die Stadtrechnungen zurückreichen, d. h. bis 1429, 2 Bürgermeister aufgeführt werden (Annalen XXIII, 96). Nur in Heinsberg scheint es nach A. 168 mehr als einen gegeben zu haben.

[210]) Düren 1402, 1457 u. 1556. Ratingen 1452 März 3.

[211]) Wipperfürth 1282. Düren 1556 §. 15. Stadtrecht von Münstereifel.

[212]) Wipperfürth 1282. Vgl. Annalen a. O. 123. — Über die spätere Zeit s. Hauptreceß v. 1672 Novbr. 5. §. 12.

[213]) Düren 1457. — Auch nach der kölner Polizeiordnung v. 1538 hat der Kurfürst eine Mitwirkung bei der Wahl der Bürgermeister (Walter, Erzstift Köln S. 115 A. 2); nur ist nicht klar, ob wir es nicht etwa hier mit einer mit dem Aufkommen des Polizeistaats zusammenhängenden Verstärkung der landesherrlichen Befugnisse zu thun haben (vgl. über dessen Anfänge Luschin 231 f.).

[214]) Allgemein wird der Kreis der städtischen Autonomie z. B. in Gerres= heim 1368 umschrieben: die Bürger mögen sich vesten ind ire vriheit besseren zo alme irem nutz ind urber; ferner: wenn sie einicher hande gelt binnen irer vriheit of ander gude sachen saisten umb der vurg. vriheit besten willen, dat sol in der gesworen vrone van G. uisswinnen ind uisspenden.

[214a]) S. A. 116 u. 214 u. 225—234.

[215]) Euskirchen 1302. Ratingen 1442 März 6, 1450 Febr. 27, 1464 u. 1596. Gerresheim 1466. Materialien 146 (Ritter 13). Vgl. auch A. 168. — Auch die Ordnung der Bewachung der Stadt: Lac. Arch. I, 137.

[216]) Stadtrecht v. Münstereifel: die Stadt verhängt statbuschsbruchten. Dürener Feldordnung v. 1578, Materialien 112 ff.

[217]) Blankenberg 1245 §. 6. Wipperfürth 1282. Euskirchen 1322: in die fori pred. nullus aperiat saccum suum bladi vel alterius leguminis, nisi prius sonita sit nola seu campana ad hoc deputata. Düsseldorf 1557. Ztschr. XIX, 49 A. 2. Materialien 650.

Eichungswesen,[218]) die Viktualienpolizei,[219]) die Taxation der Lebensmittel,[220]) das Zunftwesen.[221]) [222]) Bei der Thätigkeit der städtischen Organe in diesen Beziehungen finden wir ebenfalls eine Mitwirkung des Landesherrn in sehr weitem Umfang, indem er nicht nur in Gemeinschaft mit der Stadt allgemeine Ordnungen aufstellt,[223]) sondern seine Beamten auch bei der Ausführung im

[218]) Euskirchen 1322: universa blada et legumina mensurentur cum mensura iurata et combusta seu signata signo oppidi. Küren von Ratingen.

[219]) Euskirchen 1322 (sehr ähnlich köln. Urk. für Lechenich 1279, Grimm, Weistümer II, 734): officiatus noster et scabini de E., ... quibus ad hoc damus potestatem, constituant duos viros ad hoc bonos, magistros dictos curmeistre, qui secundum exigencia temporis faciant per penam ad hoc aptam, vinum, cervisiam, panem, carnes et huiusmodi victualia rationabiliter vendi, sicut in aliis locis invenitur. Küren v. Ratingen: Bürgermeister und Rat pflegen mit iren geswoiren knechte der stat baeden, so wannehe si des tit dunckt, zo gain vur ieder beckers huiss ind wigent da dat broit; finden sie es zu leicht, so schneiden sie es entzwei ind nement davan den misten kur, dat sint 4 schill. brab.

[220]) Diese finde ich erst im 16. Jh.: Düsseldorf 1557; vgl. Polizeiordnung v. Jülich-Berg v. 1554 (Ausg. v. 1558 S. 26 ff.; Ausg. v. 1696 S. 22 ff.). Ohne Zweifel ist die Sache aber schon älter.

[221]) S. die Zunftordnungen: Kessel II, 63 (1440) u. 99 (1464), und Materialien 132 ff. u. 628 ff. (1545, 1556 u. 1585). — Was das Meilen- und Bannrecht betrifft, so finden sich dafür Beispiele in Ratingen 1510 Mai 30 (teilweise rückgängig gemacht durch 1510 Dzb. 8) und in b. Priv. Karls V. für Wassenberg v. 1524 (dort wie hier handelt es sich um die Bierbrauer). Vgl. noch das sehr umfassende Privileg für Bielefeld v. 1488 bei Gengler, cod., das, weil von Hz. Wilhelm erteilt, hier auch Beachtung verdient. Vgl. A. 178.

[222]) Sonst erwähne ich noch, daß nach den Küren von Ratingen Bürgermeister und Rat das dobbelen bestrafen. Vgl. v. Maurer, Stbvf. III, 99 ff. u. Ztschr. XV, 28.

[223]) S. die Urkk. von 1457 u. 1556 in A. 210 (die v. 1556 nennt sich „Polizeiordnung"). Die mir bekannten Zunftordnungen (außer denen in A. 221 lag mir eine größere Zahl ungedruckter aus dem 16. Jh. vor) sind mit Ausnahme der bürener Müllerordnung v. 1585 (Materialien 628 ff., und etwa noch der Ordnung der Werkleute v. 1588, ebenda 131 f.) sämtlich unter Mitwirkung des Landesherrn oder seiner Beamten erlassen. Ordnung der militärischen Organisation der Bürger unter Mitwirkung des Landesherrn: Ratingen 1442 März 6. — Andererseits gibt es freilich auch Ordnungen, die nur von der Stadt aufgestellt sind. So (außer jenen 2 Handwerksordnungen) die Küren v. Ratingen, die bürener Marktordnung v. 1556, Feldordnung v. 1578 und Wachtordnung v. 1609, Materialien 650, 112, 146. Auch nach Mülheim 1322 machen die Bürger selbständig statuta und ordinationes. Und überdies ist der Grund dafür, daß uns mehr landesherrliche als rein städtische

einzelnen vielfach zugezogen werden.²²⁴) c) Dasselbe Zusammen=
wirken von Stadt und Landesherrn zeigt sich bei der Aufbringung
der Mittel für die Zwecke der städtischen Verwaltung. Nach einer
Urkunde steht der Stadt ein unbeschränktes Besteuerungsrecht zu.²²⁵)
Andererseits gewährt auch wieder der Landesherr die Erhebung
bestimmter Steuern durch besonderes Privileg.²²⁶) Regelmäßig ist
das bei der Accise der Fall, deren Erhebung ein Reservatrecht des
Landesherrn war.²²⁷) Im einzelnen waltet dabei eine Verschieden=
heit ob, indem die Stadt für die Überlassung der Accise entweder
eine Pachtsumme²²⁸) oder eine Quote des Ertrags²²⁹) zahlt oder

Handwerksordnungen bekannt sind, vielleicht nur der, daß die städtischen Archive
schlechter erhalten sind.

²²⁴) Vgl. Ztschr. XIX, 47 (1557, bei Baupolizei). Nach der Polizeiordnung
v. 1554 (Ausg. v. 1558 S. 34; Ausg. v. 1696 S. 28) soll der landesherrliche
Beamte bei der satzung des Brodes, Fleisches u. s. w. zugegen sein. Daß
das nicht etwas neues ist, zeigt Euskirchen 1322, A. 219. Vgl. noch A. 223
u. A. 234a. — Trotzdem blieb immer der Unterschied zwischen Stadt und
Freiheit einerseits und dem platten Lande andererseits ein großer. Dort wird
bei der satzung . . . der landesherrliche Beamte vom Bürgermeister, den
Verordneten des Rats und den 2 Marktmeistern nur zugezogen; auf den
Dörfern nahmen die landesherrlichen Beamten die satzung selbst vor (nach
der Polizeiordnung).

²²⁵) S. A. 214 über Gerresheim. — Ein Beispiel einer Vermögenssteuer
aus der Nachbarschaft gibt Neuß 1259, Lac. II, 470. — Vgl. aus späterer
Zeit das Lagerbuch der Kellnerei Angermund v. 1634, fol. 22: „Im Gericht
[s. A. 159] Angermund wird dem Hz. kein Schatz gegeben; aber sonst wirt
jarlichs durch richter, burgermeister und rat der freiheit ein gelt gesetzt
und zu notturft der freiheit verpraucht, als zu dem steinweg, porzen,
bruggen, stauckketten, bezalung des opfergelts".

²²⁶) Düsseldorf 1371: Maß= und Waagegelder. Düsseldorf 1895. — Der
Schatz, den nach Ritter 15 A. 3 Münstereifel und Euskirchen erheben (Eus=
kirchen scheint doch nur einen Teil des Ertrages an den Landesherrn abzugeben),
ist offenbar auch auf landesherrliches Privileg zurückzuführen (vgl. A. 146).
Ob sonst noch die Städte, die von der Zahlung des Schatzes an den Landes=
herrn befreit waren, ihn statt dessen für sich erhoben, ist nicht klar. Nach der
Stelle über Angermund A. 225 scheint es nicht der Fall zu sein.

²²⁷) S. A. 89 u. 155.

²²⁸) Düren 1366: Hz. W. gibt der Stadt die accise binnen D., die sie
in ihrem Interesse erhöhen und herabsetzen darf; dafür zahlt sie an den Hz.
monatlich 100 Gulden (daher „Monatsgeld", s. Ritter 15 A. 3; die Behaup=
tung in den Materialien 177, die Stadt habe schon vor der Verpfändung durch
den König die Accise gehabt, ist doch sehr wenig substanziiert). Albenhoven
1469: A. zahlt von der Accise binnen und baussen A., die das Dorf nach
freiem Ermessen erhöhen und herabsetzen darf, 80 rhein. Gulden zu pfacht.
Vgl. A. 152.

sie ohne Entgelt — teils auf eine Reihe von Jahren,[230] teils „erblich"[231] — erhält. Und wird der Stadt die Accise so überlassen, so wird wiederum entweder die Höhe derselben vorgeschrieben[232] oder der Stadt freigestellt, die Höhe zu bestimmen.[233] Stets wird bei der Verleihung der Erhebung einer Steuer betont, daß ihr Ertrag nur zu den Zwecken der Stadtverwaltung[234] verwandt werden soll. d) Im Zusammenhang mit der Autonomie, die der Stadt in diesen Dingen zusteht, üben Bürgermeister und Rat auch eine eigene Gerichtsbarkeit auf diesem Gebiete aus.[234a]

[229]) Elberfeld 1610: ¼ (Ztschr. XIX, 154).

[230]) Ratingen 1442 Januar 6: eine Accise von allen koufmanschaften ind hantierongen auf 6 Jahre. Vgl. noch Ratingen 1277: Gf. A. gestattet den Bürgern von R., quod in res suas sive in bonis suis telonium, quod vulgariter accise dicitur, secundum voluntatem suam inter se pro utilitate sue civitatis possunt et debent ponere et deponere, secundum quod placuerit ipsis opidanis. Firmata autem et edificata civitate sua, quod ab hospitibus accipitur ratione telonii, nos ... accipere possumus, quamdiu nobis placuerit. Eine auffallende Ähnlichkeit zeigt Köln. Urk. für Lechenich 1279 (Grimm, Weist. II, 734): das theloneum, quod ascisia dicitur, soll die Stadt haben, quamdiu durabit structura opidi. Über Accise in Ratingen s. ferner: 1403 Dzb. 16. — Lennep 1449: der Hz. hat früher der Stadt, weil sie infolge verderflichs brantz ind schaden van veeden wegen ind ouch sust zurückgegangen war, unse assise in der Stadt gegeben; jetzt gibt er sie erblich [also vorher hatte er sie auf Zeit gegeben].

[231]) Düsseldorf 1403 (vgl. übrigens Düsseldorf 1437, wonach der Hz. nach 1403 doch wieder einen Teil der Accise an sich gezogen hat). Lennep 1449 (s. A. 230). Münstereifel 1475. So scheint es auch in Angermund gewesen zu sein, wo seit 1450 der Bürgermeister auf grund landesherrlichen Privilegs die accis (von Wein und Malz) boert (Lagerbuch v. 1634, fol. 23b).

[232]) Münstereifel 1475. Elberfeld 1610 (s. A. 229).

[233]) S. A. 228 u. 230 u. oben A. 152.

[234]) Lennep 1449: zo nutze, buwe, urbers, vestongen ind besten wille unser vurs. stat, darane si di keren sullen, da dat dat beste ind nutzlichste sin wirdet. Stadtrecht v. Münstereifel: „der Schatz und alle Accisen kommen der Stadt zu; deshalb muß sie sich im baw halten one meins g. f. und h. entgeltnus". Elberfeld 1610 (s. A. 229) und oft. Über „der Stadt Bau", welcher Ausdruck am häufigsten vorkommt, s. Arnold, Freistädte II, 236; Gierke II, 758; Zeumer 91 ff.; oben A. 116, 138 u. 225.

[234a]) Der Umfang der Gerichtsbarkeit scheint lokal verschieden gewesen zu sein. Ich stelle hier die betr. Stellen aus den Urkk. zusammen: Wipperfürth 1282: „Bürgermeister und Rat richten van allen unrechten maten; wird jemand des verwonnen vor me rade, der zahlt dem Gfen. 5 Schill und der stat ind dem rade 20 Pfen. Verbieten sie jemand die Anlage von Vorbauten, den mogen wi ... anesprecken van gewalde als recht ist. ... Wenn

Darüber hinaus aber haben sie ihre Gerichtsbarkeit auf einige landrechtliche[234b]) Fälle ausgedehnt. Und zwar sind es sowol leichtere Kriminal=[235]) als auch leichtere Civilfälle.[236]) Die letzteren

jemand sich vervrevelde ind der raitluide ind der stede rait to W. niet halden en wülde, den süllen wi ... of unse richter an sulch halden, dat hi gehorsamb si, ind wi ... süllen die gewalt aflegen dem raide in der stede von W." Mülheim 1322: „Wenn jemand gegen der Bürger statuta et ordinationes rebellis et contumax ist und nicht die ihm aufgelegten Strafen zahlt, so wird der Gf. ihn zum Gehorsam gegen die statuta der Bürger und zur Zahlung der Strafen bringen und empfängt von ihm 5 Mk. pro pena." Küren v. Ratingen: „Bürgermeister, Schöffen und Rat eichen die Maße; finden sie sie zo groiss of zo klein, dao si duchten, dat unbescheidenheit inne were, dat brechten si an den amtman des hern". Stadtrecht v. Münstereifel: „Bürgermeister und Rat strafen die Übertretung der Bestimmungen über Maß und Gewicht und die Frevel betreffs des statbusch; verweigert aber jemand die Zahlung der Strafe, so geben sie es der hohen Obrigkeit zu erkennen, die dann mit vurbehalt der stat gerechtigkeit zu straffen hat." Über Gerresheim s. A. 214. Vgl. auch A. 215—224 u. A. 236 (Düren). — Beachtenswert ist, daß überall (mit Ausnahme von Gerresheim) der Landesherr die Exekution hat.

[234b]) Landrecht nehme ich hier selbstverständlich nicht im Gegensatz zu Stadtrecht, sondern zu den Küren von Bürgermeister und Rat (vgl. Planck I, 27 ff.).

[235]) Küren von Ratingen: in der in A. 185 angeführten Stelle heißt es weiter: „Vortme so wan sich die lude wunden sleint of swert of metz rucken, doe scheltwort of vuistschlege vurgegangen sint, dat plegent si ouch zo verhoeren. ... So wat an der stat kur treft, dat richtent sie; so wat an die heirschaft [!] beheltniss ires bescreven rechten [!]". Ähnlich wird es auch in andern Städten gewesen sein. Vgl. v. Maurer, Stdvf. III, 179. Daß man freilich Wipperfürth 1282 mit Lac. II, S. 59 A. 1 von einer Kompetenz des Rates für offene Wunden zu verstehen hat, ist schon darum unwahrscheinlich, weil an der betr. Stelle von einer Verhandlung vor dem gerichte, d. h. doch dem ordentlichen Gerichte die Rede ist. — Auf solche Kriminalfälle, wie die, für die Ratingen die Jurisdiktion hatte, bezieht sich wol die in A. 236 mitgeteilte dürener Urkunde kaum. Vielmehr wird hier daran zu erinnern sein, daß nach älterem deutschen Recht der Kreis der peinlichen Fälle enger war als der unserer Strafrechtsfälle. Der vom RStR. 28, §. 1 ausgesprochene Grundsatz hat bekanntlich noch über die CCC hinaus Geltung behalten. — Über eine niedere Kriminaljurisdiktion, die die Zünfte über ihre Mitglieder haben, s. Materialien 633 (1585).

[236]) S. A. 238. Düren 1556 bestimmt (§. 4): dass der burgermeister mit seinen zuverordneten sich keiner criminal-, sonder vermog ir privilegien der burgerlichen sachen underneme; was auch von wegen mass, ellen und gewichte zu handle [!] und derhalb zu straffen von notten, dass solches in beisein und ubermitz des schultheissen geschehe. Könnte man hiernach annehmen, daß sogar sämtliche bürgerlichen Sachen dem Schöffengerichte ent-

haben jedoch in Berg[237]) nur die Städte im engeren Sinne des Worts:[238]) eben hier liegt der durchgehende Unterschied zwischen Stadt und Freiheit in Berg.

X. Die im vorstehenden aufgezählten Rechte waren es im wesentlichen, die den Bürger vor dem gemeinen Landmann auszeichneten. Meistens enthalten die Privilegien nun auch Bestimmungen darüber, wie der letztere in den Besitz jener gelangte. Sie machen dabei einen Unterschied: die Vogteileute des Landesherrn dürfen nur mit seiner Erlaubnis aufgenommen werden;[239]) die Hintersassen anderer Herren bleiben Bürger, wenn sie nicht innerhalb Jahr und Tag nach ihrer Aufnahme zum Bürger von ihrem Herrn zurückgefordert werden.[240])

---

zogen sind, so wird diese Annahme freilich durch die bei Werners abgedruckten Schöffengerichtsurkunden (s. A. 119) ausgeschlossen.

[237]) Ob auf diesem Gebiet auch der Unterschied zwischen den verschiedenen Klassen der städtischen Gemeinwesen in Jülich liegt, vermag ich nicht zu sagen.

[238]) Zur Zeit Hz. Johann Wilhelms (1592—1609) haben nach Ztschr. XIX, 150 ff. in den bergischen Unterstädten (natürlich auch in den Hauptstädten) Bürgermeister und Rat cognition und verhör uber liquidirte schulden, hausszins, verdienten lon, feltschaden, wege, laecke und pael und verhängen darin mulcten und bruchten, so nicht leibstraflich noch uber 5 mk sich ertragen. Dieses Recht der Städte hat nun derselbe Hz. — heißt es i. Urf. v. 1610 (a. D.) — der Freiheit Elberfeld übertragen wollen. — Fragt man, seit welcher Zeit Bürgermeister und Rat in den bergischen Städten jene Kompetenz besessen haben, so möchte man vermuten, daß es seit der Zeit der Fall gewesen ist, wo sich ein Unterschied zwischen Stadt und Freiheit zeigt, also seit dem 15. Jh. (s. A. 116a).

[239]) Ratingen 1276. Wipperfürth 1282. Düsseldorf 1288. Mülheim 1322. Lennep 1325. Gerresheim 1368. Solingen 1374. Mettmann 1424. Vgl. Düsseldorf 1376 und Urf. Hz. Wilhelms v. 1566 (D., Ms. B. 34 f. fol. 17b. Cop.): „Unser undertan und eingesessener unser stat Lennep W. v. L. hat geklagt, daß Bürgermeister, Schöffen und Rat zu Lennep, weil er eigen geborn und zu unserm schloss Bienburg gehörig, ihm in der Stadt vermög ires alten herkommens und habender freiheit sin hantwerck des wullenweberambts zu treiben nicht länger gestatten wollen; mit der Bitte, weil er sonst Weib und Kind nicht ernähren könnte, ihn solches eigentumbs... freizugeben. Da nun die von Lennep auch darum gebeten u. ihn als einen trewen fromen arbeiter . . . commendirt, mit angehengkter entschuldigung, das sie, als er erst dahin kommen und das hantwerck angefangen, von seiner leibeigenschaft kein wissons getragen, so hat der Hz. ihn u. seine Nachkommen von solicher eigenschaft aus sondern gnaden freigegeben."

[240]) Münstereifel 1197. Ratingen 1276. Düsseldorf 1288. Gerresheim 1368. Solingen 1374. Mettmann 1424. — Nach dem, was oben A. 170—174

Wir haben in diesem Kapitel ein Bild von der Stellung der Ministerialen und der Städte²⁴⁰ᵃ) in unsern Territorien zu geben versucht. Nun wird dem Kundigen zwar nicht verborgen sein, daß jene wie diese nicht das ganze Maß von Rechten besaßen, das ihre Genossen anderswo in Deutschland häufig erworben haben. Allein eins ist klar: ihre Pflichten waren fest begrenzt; Leistungen, die darüber hinausgingen, hingen von ihrem guten Willen ab.²⁴¹) Sprach der Herr sie z. B. um eine Kriegsdienst- oder Steuerleistung an, zu der sie nicht verpflichtet waren, so bedurfte es ihrer besondern Bewilligung.²⁴²) — Mit der Steuerleistung stellte das Mittelalter eine andere Leistung vollständig auf eine Linie,²⁴³) die auch in

ausgeführt ist, darf man (wenigstens betreffs der älteren Zeit) nicht sagen: „wer innerhalb Jahr und Tag nicht von seinem Herrn zurückgefordert wird, wird frei"; sondern nur: „der genießt die durch das Stadtrecht gewährleisteten Vorteile". — Vgl. noch Materialien 133 u. 136 und Polizeiordnung v. 1554 Ausg. v. 1558 S. 22; Ausg. v. 1696 S. 19.

²⁴⁰ᵃ) Zu einer vollständigen Geschichte der landständischen Verfassung würde noch ein ausführlicheres Eingehen auf die Verhältnisse der Geistlichen und der Unterherren in Jülich und Berg (vgl. Ritter 7 ff.) und eine Erörterung der Frage, warum sie nicht in das landständische Korpus getreten, gehören. Ich schiebe jedoch diese Arbeit aus äußeren Gründen vorläufig hinaus. — Nicht dagegen ist ein ausführlicheres Eingehen auf die Verhältnisse des gleichfalls nicht in dem landständ. Korpus vertretenen Bauernstandes erforderlich. Denn bei der Lage, in der derselbe sich im allgemeinen in Deutschland befand, ist nicht da eine Beweislast vorhanden, wo er nicht in das landständ. Korpus gelangt ist, sondern da, wo er in dasselbe gelangt ist.

²⁴¹) Vgl. A. 158 (Mülheim 1322) u. A. 164 (Wesel 1241). Lac. II, 470 (1259): der Erzb. v. Köln hat von der Stadt Neuß jährlich nur 50 Mk., nisi forsitan obtinere cum bona vestra voluntate possimus a vobis nobis amplius quid impendi.

²⁴²) Es ist schon vor langer Zeit mehrfach richtig bemerkt worden (vgl. z. B. K. v. Maurer im Staatswörterbuch VI, Art. Landstände), daß von einer eigentlichen Entstehung eines Steuerbewilligungsrechts im Mittelalter nicht die Rede sein kann. Trotzdem behaupten wieder Jäger, Tirol II, 1, S. 408 und Hoffmann, direkte Steuern in Baiern (bei Schmoller, Forschungen IV, 5) S. 41, daß das Steuerbewilligungsrecht sich erst entwickelt habe, der Landesherr betreffs der Steuern mit der Zeit durch die Landstände „beschränkt" sei. Bei Jäger liegt der Grund seines Irrtums darin, daß er keinen Unterschied zwischen der Abgabe des Schatzes und der landständischen Steuer macht (welchen Unterschied übrigens auch Schmoller, Jahrbuch I (1877), S. 35 u. 40 übersieht).

²⁴³) S. die Urkk. v. Zütphen und Cleve in A. 139 a. E. (ganz ebenso in den Gründungsurkunden von Emmerich und Arnheim: A. 205). In Baiern verspricht Hz. Ludwig den Ständen, daß er nie wieder jemand in oder außer

Anbetracht der Folgen, die sie haben konnte und bei den unentwickelten Zuständen des Mittelalters nicht selten wirklich gehabt hat, kaum ein geringeres Opfer war: die Verbürgung für Anleihen, die der Herr macht.

Die Bedeutung dieser Verhältnisse für die Entwickelung der landständischen Verfassung zu erkennen werden wir im folgenden Gelegenheit haben, wenn wir uns nach dieser Darlegung der ständischen Grundlagen nunmehr der Verfassung selbst zuwenden.

Kapitel II.
Die Vorläufer der landständischen Verfassung im 13. und der ersten Hälfte des 14. Jahrhunderts.

Wie oben bemerkt,[244]) holten die Grafen von Jülich und Berg im 13. Jahrhundert in wichtigeren Angelegenheiten neben der Zustimmung ihrer Verwandten die ihrer Lehnsleute, d. h. benachbarter Dynasten und Ministerialen fremder Herren,[245]) und ihrer eigenen Ministerialen ein. Auch nur von der Zustimmung von Ritterbürtigen, noch nicht von der einer andern Klasse, sprechen die Urkunden aus der ersten Hälfte des 14. Jahrhunderts, genauer die jülicher Urkunden vor 1347 und die bergischen vor 1355. Die hierdurch bezeichnete Periode, also das 13. und die erste Hälfte des 14. Jahrhunderts, unterwerfen wir zunächst einer Betrachtung.

Die Fälle, in denen von einer Befragung oder einer sonst irgendwie gearteten Zuziehung der bezeichneten Personen in gelegent-

---

dem Lande Briefe geben wolle, wonach derselbe umb unser guelt ... unser laut und laeut, ritter und kneht, stet und maergt pfänden dürfe (v. Lerchenfeld, Freibriefe, S. CC III); also vollständig wie ein Steuerrevers. Ähnlich gelobt der Hz. v. Berg 1380 Okt. 29, fortan von der Stadt Siegburg nicht zu verlangen, vor uns zu geloben noch auch einigerlei briefe zu besiegelen wider die lombarden oder juden oder jemand anders (D. Siegburg, lib. copp. I, p. 572). Vgl. Nijhoff I, 355 (1339).

[244]) S. Kap. I, § 1.
[245]) S. A. 26, 33 u. 34. Daß auch nobiles, die in den Territorien benachbarter Dynasten landsässig waren, im Lehnsverhältnis zu unsern Grafen standen, findet sich, wie unsere obigen Ausführungen zeigen, nicht; es könnte nur eventuell der nobilis Stecke (s. A. 29) in Betracht kommen.

lichen urkundlichen Erwähnungen dieser Zeit die Rede ist, sind folgende: Der Abschluß eines Vertrages oder Bündnisses,²⁴⁶) die Errichtung von Landfriedensordnungen,²⁴⁷) die Verleihung eines Stadtrechts,²⁴⁸) die Abgabe einer Erklärung durch den Grafen über ein von ihm anzuerkennendes Rechtsverhältnis,²⁴⁹) die Fällung eines schiedsrichterlichen Spruches,²⁵⁰) eine Veräußerung.²⁵¹) Nach andern Quellen kommt jedoch noch ein Fall in Betracht. Erinnern wir uns, daß nach dem bergischen Ritterbuch im 14. Jahrhundert und nach dem von uns zur Ergänzung herangezogenen tecklenburger Dienstrecht wol bereits in der zweiten Hälfte des 13. Jahrhunderts die bergischen und aller Wahrscheinlichkeit nach ebenso die jülicher Ministerialen bei einer Fehde, die der Graf beginnen wollte, nicht mehr unbedingt zur Heeresfolge verbunden waren, sondern nur, wenn sich der Graf vor ihnen seinem Gegner zu Recht erbot; erinnern wir uns ferner, daß die Vassallen bei einer Fehde überhaupt nicht zur Heeresfolge verbunden waren, ihre Teilnahme also vollständig von ihrem freien Willen abhing, so müssen wir für die Zeit seit der Mitte des 13. Jahrhunderts noch den Fall der Zuziehung der Ministerialen, resp. Vassallen bei dem Beginn einer Fehde — denn selbstverständlich ist der Fall unendlich oft vorgekommen — in Betracht ziehen.²⁵¹ᵃ) Weiter haben wir es oben auch als möglich bezeichnet, daß die Ministerialen unseren Grafen einmal eine Steuer bewilligt haben. Doch da es sich dabei nur um eine Möglichkeit von nicht eben großer Wahrscheinlichkeit handelt, so sehen wir von dem Falle hier ab.²⁵¹ᵇ)

---

²⁴⁶) Jülich: Cremer III, 143 (1280). Berg: Lac. II, 515 (1262); III, 167 (1318).

²⁴⁷) Jülich und Berg: Lac. II, 478 (1259).

²⁴⁸) Berg: Lac. II, 696 (1276) und 846 (1288). v. Lebebur, allg. Archiv IX, 276 (1282) und 281 (1340).

²⁴⁹) Berg: Lac. II, 165 (1229).

²⁵⁰) Berg: Ztschr. VI, 79 (1306).

²⁵¹) oder verwandte Verfügungen. Jülich: Lac. II, 139 (1226); IV, 653 (1227); II, 186 (1232) und 197 (1234).

²⁵¹ᵃ) Eine besondere Berücksichtigung des Falls, daß der Graf den Kriegsdienst seiner Ministerialen, resp. Vassallen für die Landesvertheidigung über die herkömmliche Zeit von 4 oder 6 Wochen hinaus (wofür er ja freilich auch ihrer Zustimmung bedurfte) verlangte, wird nicht weiter nötig sein.

²⁵¹ᵇ) Es würde zudem über eine auf Grund des Ministerialitätsverhältnisses bewilligte Steuer im wesentlichen nur dasselbe zu sagen sein, was im folgenden über die auf Grund dieses Verhältnisses bewilligten Kriegsdienste ausgeführt werden wird. Vgl. A. 268.

Untersuchen wir nunmehr bei diesen Fällen der Zuziehung der Vassallen und Ministerialen, ob sie die Erfordernisse für die Existenz einer landständischen Verfassung erfüllen. Wir werden dabei, in Gemäßheit der oben gegebenen Definition des Wortes Landstände, im einzelnen festzustellen haben, zunächst ob der Landesherr wie in dem Fall der Zuziehung beim Beginn einer Fehde, so auch in den andern wirklich verpflichtet war, die Zustimmung der bezeichneten Personen einzuholen, da ja sonst von einer wirksamen Vertretung der Interessen des Landes nicht die Rede sein kann; sodann ob diese Personen korporativ vereinigt waren; endlich, ob, wenn das der Fall, ihre Korporation eine Korporation des Landes, nicht eine auf andern Verhältnissen beruhende war.

I. Nun kann aber schon der erste Punkt nur teilweise bejaht werden. Denn außer der Zuziehung beim Beginn einer Fehde läßt sich nur betreffs der bei der Errichtung von Landfriedensordnungen nachweisen, daß sie unumgänglich war. Für diese fordert sie nämlich ein Reichsgesetz,[252]) und es war ja auch die Einführung von Land=friedensordnungen, mochten sie in einer Beschränkung des Fehde=

---

[252]) Landfriede v. 1287 §. 44, LL. II, 452 und Ennen III, S. 250: Swaz ouch die fursten und die lantzherren in irme lande mit der herren rate setzen . . . disem lantfride ze besserunge . . ., daz mugen si wol tůn. — Den bekannten Spruch v. 1231, LL. II, 283: „ein Fürst oder Landesherr darf nur mit dem Konsens der meliorum et maiorum terre constitutiones vel nova iura facere" versteht man herkömmlich von der Zustimmung bei Fort=bildung des Rechts (s. z. B. K. v. Maurer im Staatswörterbuch VI, 252 u. noch kürzlich Gneist, englische Vfgesch. 207). Da jedoch die legislatorische Thätigkeit der deutschen Territorialherren des 13. Jh. sich bekanntlich auf Land=friedensordnungen beschränkte, so kann, wenn von Fortbildung des Rechts, nur von dieser die Rede sein. Dagegen legt eine parallele Stelle des Ssp. nahe, den nova iura eine weitere Bedeutung nach einer anderen Seite hin zu geben. Vgl. Ssp. Lbr. III, 91, §. 3 (eine Stelle, die in der Queblinburger Handschrift fehlt und daher wol erst Ende des 13. Jh. entstanden ist, also möglicherweise auch den Spruch v. 1231 benutzt hat): der Richter ne mut ok nen gebot noch herberge noch bede, denest noch nen recht uppe't land setten, it ne willekore dat land. Danach würde man also constitutiones u. iura außer auf Land=friedensordnungen (gebot) auch auf Steuer= und ähnliche Leistungen zu beziehen haben. Daß das sprachlich sehr gut möglich ist, zeigt Urk. v. 1208 bei v. Maurer, Fronhöfe III, 535 A. 63: exactiones . . . et omnia, que vulgo vocantur recht et unrecht, und Urk. Friedrich II. für b. deutschen Orden v. 1226 (Ztschr. f. prß. Gsch. VI, 629; vgl. dazu Töppen, Akten der Ständetage Ost= und Westpreußens I, 1): talliam et alia iura taxare. — Über Dienst und Herberge s. A. 95—98.

rechts oder in der Verschärfung der Strafrechtsmittel bestehen, in demselben Maße ein Eingriff in die individuelle Rechtssphäre wie die Auflegung einer Steuer oder einer Kriegsdienstleistung, zu der der Vassall resp. Ministerial nicht verbunden war. Bezüglich der übrigen Fälle aber nimmt man nicht wahr, daß die mangelnde Zustimmung ein rechtliches Hindernis gebildet haben würde. Denn wenn man behauptet hat, daß bei dem Abschluß eines Bündnisses der Landesherr die Zuziehung seiner Mannen thatsächlich nicht unterlassen haben wird, um ihrer Hilfe für alle aus dem Bündnis entspringenden Verbindlichkeiten sicher zu sein,[253]) so folgt daraus doch noch nicht die Notwendigkeit der Zustimmung zu dem Bündnis als solchem. Und wenn ferner der Herr sich einmal verpflichtet, vor seinen Mannen eine Erklärung über ein von ihm anzuerkennendes Rechtsverhältnis abzugeben — wie der Graf von Berg 1229 verspricht, vor seinen homines und ministeriales dem Konvent des Klosters Siegburg gegenüber erklären zu wollen, daß er kein Erbrecht auf die Vogtei des Klosters habe,[254]) — so soll die Zuziehung jener doch offenbar seiner Erklärung nur festere Verbindlichkeit verleihen.[255]) Betreffs der Zuziehung von Personen bei der Abgabe eines Schiedsspruchs sodann wäre eine Verpflichtung des Landesherrn, bei einem Schiedsspruch über gewisse Dinge den Rat gewisser Kreise einzuholen, wohl denkbar; allein da aus unserer Periode kein derartiger Rechtssatz bekannt ist, so wird die Existenz einer solchen Verpflichtung für unsere Periode auch noch zu bezweifeln sein.[256]) Ja nicht genug, daß kein Zeugnis für die

---

[253]) Eichhorn II, S. 468. Übrigens führt derselbe mit Unrecht alle Erwähnungen von Zustimmung im 13. Jh. darauf zurück, daß der Landesherr sich dadurch die Mitwirkung der zustimmenden für die Ausführung sichern wollte. Allein wie kann dieser Gesichtspunkt z. B. bei einer Veräußerung in Betracht kommen?

[254]) S. A. 249.

[255]) Dieselbe soll offenbar dadurch hergestellt werden, daß die Mannen und Ministerialen den Grafen, wenn er später gegen seine Erklärung handelt, davon abmahnen. Ihre Assistenz kommt also der seit der Mitte des 14. Jh. üblichen Übernahme der Garantie für Verpflichtungen des Landesherrn seitens der Stände nahe, fällt aber doch nicht damit zusammen. An bloße Zeugenschaft ist darum nicht zu denken, weil auf die Assistenz gerade der Mannen und Ministerialen sichtlich Wert gelegt wird. — Die Lac. II, 515 u. III, 167 erwähnte Verbürgung kommt für uns gar nicht in Betracht, da es sich dabei nicht um eine Verbürgung durch eine Gesamtheit, sondern durch einzelne Personen handelt.

Verpflichtung zur Zuziehung in dieser und den andern der oben genannten Fälle vorhanden ist; eine Urkunde über eine Veräußerung²⁵⁷) — mithin über einen, wie wir später sehen werden, besonders wichtigen Fall — scheint sogar nur ein Zustimmungsrecht der Verwandten mit Ausschluß aller übrigen zu kennen. Dieselbe enthält nämlich den Schluß: acta ... coniventibus cunctis heredibus meis, in presentia multorum testium, wo dann eine Anzahl Ministerialen folgen; also die Verwandten stimmen zu, die Ministerialen sind nur Zeugen. Finden sich nun auch daneben wieder Erwähnungen einer Zustimmung der Ministerialen zu Veräußerungen, so wird man doch bei dieser Lage der Dinge anzunehmen haben, daß die Einholung der Zustimmung von andern Personen als den Verwandten im wesentlichen im Belieben des Landesherrn stand.²⁵⁸) ²⁵⁹) Und dasselbe Verhältnis wie bei Veräußerungen wird, wie man bis zum Beweis des Gegenteils vermuten darf, in den übrigen Fällen bestanden haben.²⁶⁰)

---

²⁵⁶) Wir haben außerdem aus beiden Territorien nur ein Beispiel (s. A. 250) für Zuziehung einer Gesamtheit bei einem Schiedsspruch des Grafen. — Ennen III, 529 (Jülich, 1305) erscheint die Auswahl der zugezogenen Personen als eine rein willkürliche (habita ... deliberatione cum magnatibus, nobilibus et militibus fidedignis übersetze: „mit Magnaten" u. s. w.)

²⁵⁷) Lac. II, 67 (1217). — In der 2. Hälfte des 14. Jh. werden wir dagegen sehen, wie sehr die Zustimmung der Verwandten gegenüber der der Stände zurücktritt.

²⁵⁸) Anders ist es in geistlichen Territorien. Hier verlangen Reichsgesetze für Veräußerungen neben der Zustimmung des Klerus, resp. Domkapitels auch die der Ministerialen. Eins der frühesten ist Urk. Friedrichs I. für Basel v. 1174: der Bischof soll absque consilio ... canonicorum et ministerialium Kirchengüter nicht veräußern (Trouillat I, S. 353; vgl. auch mein Wahlrecht der Domkapitel S. 18 A. 4 u. 8). Allein in geistlichen Territorien war hierfür offenbar die Idee der Unveräußerlichkeit des Kirchenguts das maßgebende. — Die Beispiele von Zustimmung der Ministerialen bei v. Fürth S. 160 ff. sind der Mehrzahl nach aus geistlichen Territorien; im übrigen überschätzt F. (dem Gierke I, 186 folgt) das ihnen im 13. Jh. zustehende Zustimmungsrecht sehr.

²⁵⁹) Den Unterschied zwischen dieser und der folgenden Periode kennzeichnet auch gut die Thatsache, daß in der folgenden Periode, wenn eine Veräußerung stattfindet, stets betont wird, daß es nur in Folge des Zwangs der Verhältnisse geschehe, was in dieser nicht hervorgehoben wird.

²⁶⁰) In diesen bestand natürlich auch nicht die Notwendigkeit der Zustimmung der Verwandten, die bei Veräußerungen notwendig war; denn wo verlangte das Familienrecht ihre Zustimmung z. B. beim Abschluß eines Bündnisses?

Ist so die Einholung der Zustimmung von dem Belieben des Landesherrn abhängig und erfolgt sie andererseits dennoch mit einer gewissen Regelmäßigkeit, so läßt sich wohl sagen, sie erfolgte, weil der Landesherr sie für „angemessen"[260a]) hielt. Suchen wir aber nach der Ursache, weshalb er sie für angemessen hielt, so liegt es am nächsten, an die germanische Anschauung zu denken, daß der Herrscher nicht absolut seine Entschlüsse fassen durfte, daß er sich beraten lassen mußte.[260b])

II. Gehen wir zu der zweiten der von uns gestellten Fragen[260c]) über, so ist zunächst kein Zweifel, daß die Ministerialen eines

Ihre Zuziehung in solchen Fällen kann auch nur wie die der Ministerialen eine im Belieben des Landesherrn stehende gewesen sein.

[260a]) Nach Gneists treffendem Ausdruck engl. Vfgesch. 374. Selbstverständlich aber übersehe ich, indem ich diese mit Bezug auf die Vorläufer der englischen Stände gebrauchten Ausdruck anwende, die fundamentale Verschiedenheit zwischen den Vorläufern der englischen Stände und denen der deutschen Territorialstände nicht. Sie liegt darin, daß England schon ein „Land" war, während den deutschen Territorien unserer Periode noch die Geschlossenheit fehlte.

[260b]) Dasselbe Princip macht sich im Herzogtum, im Reiche geltend. Nur sind eben auch diese geschlossene Bezirke, was die Territorien nicht. — Wenn Gierke I, 537 (eine verwandte Ansicht bei v. Schulte, Rechtsgesch. (4. Aufl.) S. 248) die Erwähnungen der Zustimmung auf die „Teilnahme der Beherrschten an den Angelegenheiten der Gesamtheit" zurückführt, so scheint mir das auf einer Verkennung des Charakters, den das deutsche Territorium des 13. Jh. hat, zu beruhen. Denn wenn der Graf v. Berg bei der Verleihung eines Stadtrechts (v. Ledebur, allg. Arch. IX, 276) die Zustimmung seiner Verwandten und Mannen einholte, so fiel diese Handlung doch gar nicht in die Sphäre der Herrschaft, die der Graf über seine Dienstmannen oder gar seine Lehnsmannen (Ministerialen fremder Herren!) ausübte; die einzelnen Sphären der Herrschaft waren aber noch getrennt.

[260c]) Nach Zachariä, Staats- und Bundesrecht (3. Aufl.) I, S. 588 ist es „natürlich", daß der Bildung der gemeinen Landschaft die Bildung der einzelnen Stände vorausgeht. Ebenso Gierke I, 537 ff. Allein ist es denn undenkbar, daß gleichzeitig mit der Konstituierung des Gesamtkorpus die Konstituierung der einzelnen Stände stattgefunden hat? Vgl., was unten über die Städte gesagt ist. Jedenfalls aber wird jene Ansicht durch die Beispiele, die Gierke (Zach. läßt sich auf einen Beweis nicht ein) für dieselbe beibringt, nicht erwiesen. Für die Existenz einer geistlichen Genossenschaft führt er nur Beispiele aus der Zeit nach der Bildung einer gemeinen Landschaft an! Für die einer Genossenschaft der Ritterbürtigen beruft er sich auf die Rittergesellschaften. Allein die Rittergesellschaften haben den Kreis ihrer Mitglieder bekanntlich keineswegs auf Personen, die einem bestimmten Herrn unterworfen oder gar in einem bestimmten Territorium angesessen waren, beschränkt. Für den Satz (S. 492): „Die Rittergesellschaften gingen in landständische Einungen über" dürfte sich kaum ein Beispiel auffinden

Herrn, wenn auch nicht eine Korporation, so doch eine Genossenschaft nach älterem deutschen Recht bildeten.²⁶¹) Diese Genossenschaft kommt für uns da in Betracht, wo die Ministerialen als solche dem Herrn gegenüber handeln. Das trifft aber von den oben aufgezählten Fällen nur für den zu, wenn sie (doch natürlich in ihrer Gesamtheit)²⁶²) das Urteil über die Rechtmäßigkeit einer Fehde, die ihr Herr unternehmen wollte, sprachen. Hier finden wir sie allerdings in Ausübung eines genossenschaftlichen Rechts gegenüber ihrem Herrn. In den andern Fällen handeln jedoch die Ministerialen nicht mehr als solche.²⁶³) Wie es sich nämlich nicht gut aus dem Begriff des Ministerialitätsverhältnisses würde ableiten lassen, daß der Herr seine Ministerialen z. B. bei der Verleihung eines Stadtrechts oder einer Veräußerung²⁶⁴) um ihre Zustimmung zu fragen hatte, so spricht auch keins der erhaltenen Dienstrechte davon. Ja unsere Urkunden liefern sogar den positiven Beweis, daß die Ministerialen nicht als solche in diesen Fällen zugezogen wurden, indem in der Zustimmungsformel neben den Ministerialen (außer den Verwandten des Grafen und seinen Lehnsleuten) noch die „Freunde" oder „Getreuen" genannt werden; es liegt darin der Ausdruck des Gedankens, daß es auf die Zuziehung gerade bestimmt der Ministerialen nicht ankam.²⁶⁵)

Wie die Ministerialen, so bildeten ferner auch die Lehnsleute eine Genossenschaft nach älterem deutschen Recht.²⁶⁶) Allein

---

lassen. Als Beleg für die Existenz einer Genossenschaft der Städte (speciell der „westfälischen", also, wie der Leser vermutet, der des kölnischen Westfalens) citiert G. I, 540 A. 17 u. a. Seibertz UB. I, S. 368. Sieht man jedoch Seibertz nach, so bemerkt man, daß es sich um eine Versammlung von Städten verschiedener Territorien Westfalens handelt!

²⁶¹) Gierke I, 181 ff.

²⁶²) Über die Geltung des Majoritätsprincips in der ältern deutschen Genossenschaft verweise ich auf Gierke II, 477 ff.

²⁶³) Ohne Grund behauptet v. Zallinger, Ministeriales und Milites 55, den Dienstmannen habe „ein bestimmter im Dienstrecht begründeter Einfluß auf die Handlungen und Verfügungen ihrer Herren" [Handlungen und Verfügungen überhaupt] zugestanden.

²⁶⁴) Nach Gierke I, 186 bedarf es der Zustimmung der Ministerialenschaft als solcher bei Veräußerung von Gütern aus dem ministerialischen Verbande. Die Unrichtigkeit dieser Ansicht wird durch das tecklenb. Dienstrecht §. 18 erwiesen, wonach der Herr dabei nur der Zustimmung der cognati bedarf.

²⁶⁵) Lac. III, 167. Kremer III, 143. Vgl. A. 14—18. — Es spricht natürlich nicht dagegen, wenn manchmal nur die Ministerialen genannt werden.

²⁶⁶) Gierke I, 193.

diese lehnrechtliche Genossenschaft kommt für uns gar nicht in Betracht. Denn was zunächst die zuletzt besprochenen Fälle betrifft, so ergibt sich bei den Vassallen aus dem Lehnsverhältnis ebensowenig wie bei den Ministerialen aus dem Dienstverhältnis, daß sie auf Grund desselben ihre Zustimmung geben.²⁶⁷) Aber auch bei der Bewilligung ihrer Dienste für eine Fehde des Herrn standen sie ihm nicht als Lehnsleute gegenüber, da sie als solche nur zur Landesverteidigung und zwar dazu unbedingt, darüber hinaus indessen nicht mehr, wie die Ministerialen, in bedingter Weise verpflichtet waren, mithin auf ihr Lehnsverhältnis die Forderung von Diensten bei einer Fehde nicht gegründet werden konnte.²⁶⁸) ²⁶⁹)

---

²⁶⁷) Nach Gierke I, 540 waren freilich die Versammlungen der Ritterschaft vor dem Hinzutritt der Städte „Lehnskurien". Und allerdings bestand ja eine Pflicht des Vassallen zur Fahrt an den Hof des Herrn. Aber aus dieser Pflicht der Vassallen folgt doch noch nicht, daß alle Akte, die der Herr mit dem Rat der am Hofe erschienenen Vassallen vornahm (z. B. die Verleihung eines Stadtrechts), lehnrechtliche waren.

²⁶⁸) Das waffenberger Weistum, Lac. Arch. VII, 126 ff. spricht denn auch von Verhandlungen des Herrn, der Kriegsdienste über das herkömmliche Maß hinaus bewilligt erhält, mit den einzelnen Lehnsleuten, nicht mit der Gesamtheit. — Anders verhält es sich mit der Lehnsteuer, betreffs welcher dasselbe gemischte System von Pflicht und Bewilligung bestand wie betreffs des Kriegsdienstes der Ministerialen bei einer Fehde des Herrn (vgl. A. 85 mit A. 66 u. 75). Freilich erscheint nach Ssp. Lr. 66 §. 5 (s. A. 83) die Bewilligung einer Lehnsteuer als die Frucht von Verhandlungen mit einzelnen Lehnsleuten, und sie mag es auch in der That nicht selten gewesen sein. Allein bei einer Genossenschaft nach älterem deutschen Recht (wie es die der Lehnsleute war), wo die Summe der einzelnen mit der Gesamtheit zusammenfiel, konnte die Summe der Rechte und Pflichten, die jeder einzelne gleichmäßig auf Grund seiner Genossenstellung hatte, auch als Recht und Pflicht der Gesamtheit erscheinen (vgl. Gierke II, 385). Wenn also der Lehnsmann auf Grund seiner Stellung als solcher unter gewissen Voraussetzungen (s. A. 84) dem Herrn eine Steuer zu bewilligen verpflichtet war, so konnte, falls die Bewilligung von allen einzelnen zugleich geschah, dieselbe die Bedeutung einer Bewilligung der Gesamtheit haben. — Eben dieses gilt natürlich von einer Ministerialensteuer.

²⁶⁹) Gewöhnlich mißt man dem Aufgehen der Ministerialen in die Vassallen, dem „Verschmelzen" beider für die Bildung einer Landesritterschaft große Bedeutung bei. Daß auf dasselbe im Texte keine Rücksicht genommen wird geschieht aus folgenden Gründen. I. Die Ritterschaft, die in Jülich und Berg seit der Konstituierung einer landständischen Verfassung bestand, ist, wie in Kap. I, §. 1 nachgewiesen wurde, nur aus Ministerialen hervorgegangen; von einem „Verschmelzen" dieser mit Vassallen ist also nicht die Rede; rein vassallitische Elemente haben für die Bildung der Landesritterschaften in unsern Territorien keine Bedeutung gehabt. II. Vor der Konstituierung einer landständischen

Also aus dem Vorhandensein der anderweitig bekannten Genossenschaften ergibt sich blos, daß es sich in einem der oben aufgezählten Fälle um die Ausübung eines genossenschaftlichen Rechtes handelt. Nichtsdestoweniger sehen wir die Personen, die der Graf um ihren Rat fragt, auch sonst regelmäßig als Gesamtheit auftreten.

Eine Ausnahme findet sich nur bei der Errichtung eines Landfriedens. Zwar sollte man nach jenem Reichsgesetz[270]) glauben, daß der Landesherr nach Beratung mit der Genossenschaft der Ritterbürtigen seines Territoriums Landfriedensordnungen aufstellte. Allein wie sich für ein solches Verhältnis aus der hier darzustellenden Periode überhaupt wol kaum zahlreichere Belege erbringen lassen dürften,[271]) so widerspricht dem insbesondere gerade das

---

Verfassung, in der hier zu behandelnden Periode, gab es, wie sogleich weiter zu zeigen, zwei Genossenschaften: (a) Die Genossenschaft der Ministerialen, die die Bewilligung von Kriegsdiensten für eine Fehde des Grafen von der Rechtmäßigkeit seiner Sache abhängig machte. Mit dieser konnten die Vassallen nie gemeinsam Kriegsdienste bewilligen, da erstens sie überhaupt nie in die Lage kamen als solche Kriegsdienste zu bewilligen, außerdem aber das Maß ihrer Kriegspflicht von dem der Kriegspflicht der Ministerialen verschieden war. b) Eine aus den Vassallen und Ministerialen zusammengesetzte Genossenschaft, in der jedoch weder diese noch jene als solche die Mitgliedschaft hatten, für deren Bestand es also auch irrelevant ist, ob die Ministerialen schon mit den Vassallen zu verschmelzen begannen. — Kann somit der Thatsache des Aufgehens der Ministerialen in die Vassallen für die Bildung der landständischen Verfassung keine Bedeutung zugeschrieben werden, so soll damit die große Wichtigkeit dieser Thatsache auf andern Gebieten natürlich nicht bestritten werden. Die Frage übrigens, seit wann die gesonderten Versammlungen der Vassallen und Ministerialen in gemeinsame Mannentage überzugehen angefangen haben, ist wol mit der identisch, seit wann der Unterschied zwischen Manngut und Dienstgut zu verschwinden beginnt. Der Unterschied findet sich noch in dem Güterverzeichnis des Grafen von Arnsberg v. 1338 bei Seibertz UB. II, S. 292 ff. (vgl. münst. Urk. v. 1309 bei Kindlinger, münst. Beitr. II, 2, S. 303: mangud und dennestmangud begrifflich geschieden, wenn auch im Erbrecht gleich behandelt; eine gesonderte Versammlung von Ministerialen zur Verhandlung über das Erbrecht an Dienstgütern in Verden v. 1267 s. bei Zöpfl, Altert. II, S. 261). Dagegen ist er dem in der zweiten Hälfte des 14. Jh. verfaßten bergischen Ritterbuch schon unbekannt (§. 26, 27, 55). Selbstverständlich aber können die Ministerialen, auch nachdem sie für gewisse Sachen mit den Vassallen auf gemeinsamen Mannentagen zusammenzutreten angefangen haben, für andere Sachen, solange die Ministerialität bestand, noch gesonderte Versammlungen gehabt haben: so die A. 66 erwähnte und in diesem Kapitel mehrfach besprochene.

[270]) S. A. 252.
[271]) S. A. 272—274 u. 297—300.

Beispiel, das wir für die Errichtung eines Landfriedens aus unsern Territorien haben. Nach der betreffenden Urkunde schließen nämlich im Jahre 1259 der Erzbischof von Köln, die Grafen von Jülich und Berg, andere benannte Landesherren, et alii quamplures nobiles et ministeriales terre einen Landfrieden.²⁷²) Es treten also erstens die Landesherren nicht an der Spitze ihrer Ministerialen= schaften oder wenigstens in Gemeinschaft mit ihnen in den Frieden ein, sondern die Ministerialen²⁷³) sind selbständig je für sich neben ihren Herren bei der Errichtung desselben beteiligt. Und es treten zweitens, wie das quamplures zeigt, nicht sämtliche Ministerialen ein, sondern nur ein Teil, diejenigen, die eben wollten; den andern blieb der nachträgliche Eintritt frei.²⁷⁴) ²⁷⁵)

Abgesehen jedoch von diesem einen Falle der Errichtung von Landfriedensordnungen handeln, wie bemerkt, die Vassallen und Ministerialen²⁷⁶) nicht je für sich, sondern als Gesamtheit.²⁷⁷)

---

²⁷²) Lac. II, 478. Ganz ähnlich wird der bairische Landfrieden v. 1255 (s. A. 297) von dem Herzog, 3 Bischöfen und von graven und von frien und dienstmannen beschworen.

²⁷³) Natürlich sind die ministeriales terre wenigstens zum größeren Theil Ministerialen der Landesherren, die in den Frieden eintreten. — Der Zusatz terre ist sonderbar. Unmöglich kann terra den Sinn von Territorium haben, da es sich um Ministerialen verschiedener Territorien handelt. Ich kann terra hier nur von dem Friedensbezirk verstehen, obgleich ich einen solchen Gebrauch nicht weiter zu belegen weiß.

²⁷⁴) Quilibet homo legalis pacem desiderans in istius formam pacis admittatur. — Vgl. Ennen IV, 50 (1317): Kön. Ludwig sagt in seinem Land= frieden: ist, daz ieman, ez sei herre oder stat, ritter oder knecht, in den gemainen lautfriden treten will — also Ritter und Knechte treten einzeln, nicht nach den Territorien in den Frieden. In der Landfriedensurkunde v. 1365 a. O. S. 506 wird bestimmt, daß keine Stadt oder Gemeinde ohne Erlaubnis des Landesherrn in den Frieden treten darf — die Ritter durften es also.

²⁷⁵) Mit der Thatsache, die in den oben im Text angeführten Worten ihren Ausdruck findet, steht es allerdings im Widerspruch, daß nach derselben Urk. (A. 272) die Paciscenten sich verpflichten, in terris et finibus suis die Friedens= brecher zur satisfactio zu nötigen. Indessen ist es für unsern Zweck nicht erforderlich, auf diesen (nicht scheinbaren, sondern in den Dingen liegenden) Widerspruch weiter einzugehen.

²⁷⁶) Neben ihnen werden, wie erwähnt, gewöhnlich noch die Verwandten der Grafen um ihren Rat gefragt (A. 14, 16, 17, 25, 26, 260). Mit Recht macht v. Fürth 157 ff. darauf aufmerksam, daß auch die Helden der mittel= hochdeutschen Dichter sich regelmäßig mit „Magen und Mannen" beraten. Diese Gleichstellung der Verwandten (vgl. A. 260) ist freilich nicht auffällig in einer

Allerdings wird, wie sich aus den Zeugenreihen ergibt,[278] thatsächlich nicht jedesmal die volle Zahl der zustimmungsberechtigten Personen um ihre Zustimmung befragt sein. Allein dies ist irrelevant, wenn nur (was in jener Urkunde über die Errichtung des Landfriedens fehlte) die Anschauung vorliegt, daß die Gesamtheit ihre Zustimmung gibt. Es ist hier die Erscheinung zu berücksichtigen, daß in den deutschen Territorien auch nach der Ausbildung der landständischen Verfassung noch vielfach nur eine Auswahl von Gliedern der Ritterschaft zu den Landtagen berufen wird;[279] in Jülich und Berg ist das sogar noch in der ersten Hälfte des 16. Jahrhunderts das häufigere.[280]

Haben wir somit eine aus den Vasallen und Ministerialen zusammengesetzte Genossenschaft, die die Grafen bei wichtigeren Regierungshandlungen zuziehen, kann aber der Grund ihrer Zuziehung nicht in ihrem Lehns- resp. Dienstverhältnis gesehen werden, so fragt es sich, welches andere Verhältnis denn die Grundlage dieser

---

Periode, in der, wie wir sogleich sehen werden, jede Beziehung der zustimmenden Personen zum Territorium fehlt. Eben wegen dieses Mangels und da ja die Einholung der Zustimmung von dem Belieben der Grafen abhing, kann es ferner auch nicht als undenkbar bezeichnet werden, daß, wenn Dynasten, die weder im Verwandtschafts- noch Lehnsverhältnis zu unsern Grafen stehen (s. A. 27), als Zeugen aufgeführt werden, auch sie — etwa als Nachbarn — um ihren Rat befragt und z. T. deshalb als Zeugen zugezogen sind.

[277] Mitunter steht ein Wort, welches das ausdrücklich bezeichnet; so v. Lebebur Arch. XV, 175 (1296): de consensu... amicorum omnium (wenngleich hier vielleicht amici (s. A. 313) den Rat i. e. S. bezeichnet); Lac. III, 167 (1318): mit dem Rat unser mage, manne, deintzmanne, burgmanne inde unser gemeynre vrinde. Aber auch Stellen wie Lac. II, 189 (1226): consiliis... ministerialium et fidelium meorum obtemperans, müssen ohne Zwang von einer Gesamtheit verstanden werden.

[278] Wenngleich, wie die häufige Formel am Schluß der Zeugenreihe: et alii quamplures zeigt, nicht immer alle Anwesenden als Zeugen aufgeführt sein werden.

[279] Für Lüttich s. Wohlwill 155. Für Tirol s. Jäger II, 1, S. 149. Andere Beispiele bei Unger II, 143. — Die Annahme (welche Wohlwill noch für möglich hält), daß wir es hier mit Deputierten zu thun haben, ist selbstverständlich abzuweisen.

[280] Der Sekretär Gerhardus Juliacensis (stirbt 1575 oder wenig später) bemerkt in den Ritterzetteln (D.) fol. 45: „er habe keinen Generalritterzettel aus der Zeit Hz. Johanns finden können; denn in den Jahren 1530 u. 32 sei nur eine ziemliche Anzahl aus der Ritterschaft neben den Räten und Städten beschrieben, mit denen dann die Sache traktiert und gehandelt sei." Anderweitige Nachrichten ergeben, daß das nicht bloß 1530 u. 32 der Fall war.

Genossenschaft bildete. Der nächste Gedanke ist — und damit kommen wir auf das dritte Kriterium für die Existenz einer landständischen Verfassung —, daß die Grundlage in dem Verhältnis der Vassallen und Ministerialen zum Territorium gegeben war.

III. Indessen die Beziehung auf das Territorium fehlt bei dieser Genossenschaft und ebenso bei der Genossenschaft der Ministerialen, die das Urteil über die Rechtmäßigkeit der Fehden des Grafen abgiebt, ganz.

a) Zunächst wird sie gar nicht nach demselben bezeichnet. Nur je einmal in Jülich und in Berg finde ich eine Bezeichnung nach dem Territorium, und gerade da handelt es sich nicht um Zustimmung.²⁸¹) Sonst begegnen wir stets der nach dem persönlichen Verhältnis, in dem die zustimmenden Personen standen: nicht von den Mannen, Ministerialen des Landes, sondern von denen des Grafen, von „unsern" Mannen und Ministerialen ist die Rede. Diese Thatsache beweist jedenfalls, selbst wenn die zustimmenden Personen mit den Ritterbürtigen des Landes vollständig zusammengefallen sein sollten, daß noch nicht die Anschauung von einer gewisse bevorzugte Klassen des Landes umfassenden Gesamtheit vorhanden war. Aber es ist auch gewiß, daß die beiden Kreise thatsächlich nicht zusammenfielen. Der Graf von Berg erwähnt einmal die Zustimmung seiner mage, manne, dienstmanne, burgmanne inde getruer vrunde.²⁸²) Als Mannen des Grafen, die nicht zugleich seine Ministerialen sind, kommen, wie wir oben gesehen, benachbarte Dynasten und ferner Ministerialen fremder Herren in Betracht. Ministerialen des Grafen ferner gab es, wie

---

²⁸¹) Über die berg. Urk. s. A. 300c; über die jülicher A. 5. Betreffs der letzteren ist schon ebenda bemerkt, daß dieselbe nicht einmal mit Sicherheit als Beispiel für die Bezeichnung der der Herrschaft des Dynasten unterworfenen Personen nach dem Territorium angeführt werden kann. — Die Reichssentenz v. 1231 (s. A. 252; vgl. auch die Stelle aus dem Ssp. ebenda) bezeichnet allerdings schon die zustimmungsberechtigten Personen nach dem Territorium. Indessen ist das nur die Anschauung dessen, der sie verfaßt hat; auf die Kreise um die Grafen von Jülich und Berg paßt sie nicht. Wenn übrigens der Verfasser der Reichssentenz auch bereits die Bezeichnung der zustimmungsberechtigten Personen nach dem Territorium gebraucht, so folgt daraus noch nicht zugleich mit Notwendigkeit, daß er sie vom Gesichtspunkt des Landesinteresses (s. unten) aus handeln läßt. — In Stiftern heißen die Ministerialen sehr früh schon ministeriales ecclesiae (Waitz V, 312). Natürlich aber ist bei ecclesia an nichts weniger als an das spätere Stift im Sinne von Territorium gedacht.

²⁸²) Lac. II, 515 (1262).

ebenso oben gezeigt,²⁸³) wiewohl nicht in größerer Anzahl, doch gleichfalls außerhalb seines Territoriums. Ist nun manchmal auch nur die Zustimmung der gräflichen Ministerialen eingeholt,²⁸⁴) so kommt das zwar thatsächlich einer Befragung der ritterbürtigen Landsassen näher; allein wie doch selbst die Ministerialen sich nicht ganz mit den letzteren decken, so fehlt vor allem auch hier die Idee, daß die Ministerialen die Ministerialen des Landes sind.

Freilich widerspricht das Resultat, zu dem wir hiermit gelangen, der sehr verbreiteten Ansicht, daß die Versammlung, die den Landesherrn des 13. Jahrhunderts in wichtigeren Regierungssachen beriet, mit der Gerichtsversammlung des Territoriums identisch gewesen sei.²⁸⁵) Indessen es käme vorerst darauf an, ob es denn eine allgemeine Gerichtsversammlung des Territoriums gegeben hat. Wie oben bemerkt,²⁸⁶) erlangten die Ritterbürtigen den Vorzug des Gerichtsstandes vor dem Herrn. Dabei konnten sie entweder verschiedenen Gerichtsbezirken zugewiesen sein,²⁸⁷) oder sie waren alle in eine Gerichtsgemeinde vereinigt. Im letzteren Falle bestand allerdings eine allgemeine Gerichtsversammlung des Territoriums. Ob es so in Jülich gewesen, muß zweifelhaft bleiben, da darüber keine bestimmten Nachrichten vorhanden sind.²⁸⁸) Nachweisbar war es so in Berg, wo in dem unter dem Vorsitz des Grafen abgehaltenen Hochgericht zu Opladen²⁸⁹) alle Ritterbürtigen des Territoriums dingpflichtig waren. Bei einem Gerichtstag hier in Opladen nun mag der Graf in der That oft genug die Gelegen-

---

²⁸³) S. A. 85 u. 87.

²⁸⁴) S. A. 14 u. 15. Ferner kommt hier der Fall in Betracht, daß der Herr, wenn er eine Fehde beginnen will, sich vor seinen Ministerialen dem Gegner zu Recht erbietet.

²⁸⁵) Z. B. ist nach Gierke I, 566 „die alte Landesversammlung [also etwa des 13. Jh.] zugleich das höchste ordentliche Gericht".

²⁸⁶) S. A. 87.

²⁸⁷) So war es in Östreich nach Luschin 52.

²⁸⁸) Vgl. Kap. IV.

²⁸⁹) Freilich bleibt, da wir die ältesten Nachrichten über das Hochgericht zu Opladen im berg. Ritterbuch, also erst aus dem 14. Jh., haben, die Möglichkeit, daß im 13. Jh. die Ritterbürtigen noch nicht eine gemeinsame Dingstätte gehabt haben, vielmehr verschiedenen Gerichtsbezirken zugewiesen waren. Und zwar würden dann vermutlich zwei Bezirke, oberhalb und unterhalb der Wupper, mit den Dingstätten Porz und Kreuzberg (hier wird 1148 ein Grafengericht gehalten: Kessel, Ratingen II, 256; vgl. Waitz V, 329 A. 6), bestanden haben. Vgl. über Opladen, Porz und Kreuzberg das nähere Kap. III.

heit, daß die größte Zahl derjenigen, die er bei wichtigeren Regierungshandlungen um ihre Zustimmung fragte, versammelt war, dazu benutzt haben, um auch solche Handlungen unter gleichzeitiger Zuziehung der andern zustimmungsberechtigten Personen[290]) (die er wol mit Rücksicht darauf ebenfalls vorher schon nach Opladen entboten hatte), vorzunehmen.[291]) Immer jedoch bedurfte es, wenn der Kreis der zustimmungsberechtigten Personen nach allen Seiten vertreten sein sollte, eben die Zuziehung noch anderer Personen außer dem Kreise der in Opladen dingpflichtigen Ritterbürtigen; an eine Identität beider Kreise ist deswegen, weil Regierungsgeschäfte an dem Ort der Gerichtsversammlung vorgenommen wurden, nicht zu denken.

b) Bei diesem Stande der Dinge kann man schon von vornherein vermuten, daß die Vassallen und Ministerialen ihre Zustimmung auch nicht von dem Interesse des Landes abhängig machten. In der That fehlt dasselbe vollständig.[291a])

Oder sollte ein Beweis für die Bekundung eines Landesinteresses seitens der zustimmenden Personen in der erwähnten[292]) Scheidung von Kriegsdiensten für die Landesverteidigung und solchen außer Landes liegen? Dieser Einwand wird schon dadurch vollständig beseitigt, daß in keiner der älteren Quellen die Forderung von Kriegsdiensten außer Landes als eine im Interesse des Landes gestellte bezeichnet wird;[293]) denn nur bei diesen weiteren Diensten

---

[290]) Also seiner Vassallen und derjenigen Ministerialen, die außerhalb seines Territoriums saßen.

[291]) Eine Urk. über eine in Opladen vorgenommene Regierungshandlung ist mir aus der hier darzustellenden Periode (über die Zeit nach Ausbildung der landständischen Verfassung s. Kap. III u. IV) nicht bekannt. Da jedoch aus andern Territorien Beispiele über Vornahme von Regierungsgeschäften an Stätten der Gerichtsversammlung im 13. Jh. angeführt worden sind, so war ein Eingehen auf diese Frage hier notwendig.

[291a]) S. A. 293. Allerdings erklärte der Landesherr schon, wenn auch noch seltener, daß er das Wohl seines Landes im Auge habe. So schließt 1262 der Gf. v. Berg mit der Stadt Köln ein Bündnis umbe ewelichc vrido uns lanz iude unsir lude (Lac. II, 515). Aber, worauf es ankommt, die Ministerialen zeigen noch nicht, daß ihnen an der Erhaltung des Landes gelegen sei.

[292]) S. A. 70—80 u. 164.

[293]) S. A. 66, 75. Ferner kölner Dienstrecht §. 2. Östreichisches Landrecht (Siegel 245): „Wenn der Landesherr einen andern Fürsten angreifen will, so soll ihm niemand helfen än sein aigen leut und än die er piten mag und erkauffen mag mit seinem gut".

kam es zu einer Bewilligung und folglich zu einer Bekundung der für die bewilligenden maßgebenden Motive. Bemerken wir jedoch die charakteristische Thatsache, daß auch der Dienst zur Landesverteidigung keineswegs in unserer Zeit als eine Leistung im Interesse des Landes erscheint. Wenn nämlich nach einigen Quellen die Grenzen, bis zu denen der Kriegsdienst zur Verteidigung geleistet werden muß, nur ungefähr mit den Grenzen des Landes zusammenfallen,[294] so ist es klar, daß wir es hier nur mit rein geographischen Begriffen zu thun haben, nicht mit dem Begriff des Landes, zu dessen Schutz die Pflichtigen als Unterthanen aufgeboten werden. Ja nach andern Quellen ist sogar nicht einmal von dem Schutz irgend eines Gebietes, sondern nur von dem der einzelnen Güter, Schlösser des Herrn die Rede.[295] Hiernach wird man auch da, wo die Quellen von der Pflicht zur Landesverteidigung schlechthin sprechen, in unserer Zeit nur an die Pflicht zum Schutz des Eigentums des Herrn denken dürfen. Dagegen spricht es auch nicht, daß in unserer Zeit bereits die Vorstellung von einer landrechtlichen Verpflichtung zur Landesverteidigung vorhanden ist: vielmehr bezeugen gerade die Stellen, in denen eine solche hervortritt, die Abwesenheit eines Landesinteresses.[296]

---

[294]) S. oben A. 61 die vita Balderici, wo von der Verteidigung von civitas und episcopatus die Rede ist. Waitz VIII, 154 A. 4: usque ad fluvium W. Nach dem kölner Dienstrecht (§. 2) müssen die Ministerialen ad defendendam terram ... aepo assistere et usque ad terminos episcopatus cum cum armis sequi. Also nicht bis zu der Grenze des Territoriums, sondern des Bistums, ferner bis zu einem Fluß u. s. w. wird der Kriegsdienst nach einem erfolgten Überfall geleistet. Diese Thatsachen zeichnen gut die mangelhafte Geschlossenheit der Territorien.

[295]) S. A. 296. Das tecklenb. Dienstrecht (A. 75) spricht nicht von der „Landes"verteidigung, sondern nur von der castra des Grafen. Es nennt das Wort „Land" überhaupt gar nicht; nach der Anschauung, wie sie bei ihm hervortritt, hat der Graf einige castra (§. 3), wie er einige telonia (§. 16) hat, und zur Verteidigung der ersteren sind die Ministerialen verpflichtet. — Die Bürger von Poperinghen (s. A. 164) haben neben der terra des Grafen noch seinen Leib und seine Ehre zu schützen. In dem Beispiel aus Hildesheim bei Waitz VIII, 153 A. 3 ist sogar von einer überhaupt nur der Person des Herrn bei einem feindlichen Überfall geleisteten Hülfe die Rede.

[296]) S. die Stelle Ssp. Lbr. III, 78, §. 5 und die Urk. v. 1254 in A. 63 (Schutz der possessiones, bona, feuda et allodia des Herrn). Eine andere Auffassung (landes not) findet sich freilich in der ebenda angeführten Stelle aus dem Richtsteig Lehnrechts; aber dieser gehört auch erst einer späteren Zeit an.

Begegnen wir jedoch noch einem Einwand. Man könnte meinen, daß man bei der Errichtung eines Landfriedens von dem Interesse des Territoriums ausgegangen ist. Auch dieser Einwand indes ließe sich schon durch den Hinweis darauf beseitigen, daß ja die Ministerialen bei der Errichtung des Landfriedens gar nicht als Genossenschaft, also auch nicht als eine das Interesse des Landes vertretende Genossenschaft beteiligt sind. Aber es ist dies Interesse — eine vortreffliche Illustration für die mangelhafte Geschlossenheit der Territorien unserer Periode — überhaupt nicht der leitende Gesichtspunkt bei der Errichtung eines Landfriedens. Der Friedensbezirk ist nämlich regelmäßig nicht ein einzelnes Territorium, sondern eine Diözese, ein Stammesgebiet,[297] ein mehr oder weniger willkürlich für den vorliegenden Zweck abgegrenztes Gebiet,[298] selten in unserer Zeit ein nur durch die Landesgrenzen der für den Frieden verbundenen Territorien gegebener Bezirk.[299] Und der Zweck der Landfriedenseinung ist nicht Herstellung von Ruhe und Sicherheit für die einzelnen Territorien, sondern, wie die Quellen es ausdrücklich sagen,[300] für „das gemeine Land", das ganze Reich; man bescheidet sich dann nur wegen der Unzulänglichkeit der eigenen Mittel, diesen Zweck für ein engeres in dieser oder jener Weise bestimmtes geographisches Gebiet zu verwirklichen.

Indem wir nunmehr zu der Frage nach der Grundlage der aus den Vassallen und Ministerialen zusammengesetzten Genossenschaft zurückkehren, konstatieren wir, daß dieselbe auch nicht die Beziehung zum Territorium sein kann. Es bleibt schließlich nur übrig, im Anschluß an einen von einem Reichsgesetz gebrauchten

[297]) S. z. B. die bairischen Landfrieden v. 1244, 1255 u. 1281, Qu. u. Erört. V, 36, 59, 140.

[298]) S. z. B. den Landfrieden für das Gebiet „zwischen Maas und Rhein" v. 1361, Lac. III, 657. Weniger willkürlich ist die Abgrenzung bei dem Landfrieden für die „Wetterau" v. 1359 (Lac. III, 593).

[299]) Ob das bei dem Landfrieden v. 1259 (A. 272) der Fall ist, bleibt zweifelhaft. Daraus, daß die Landesherren schwören in ihren districtus den Frieden zu beobachten, ergiebt sich nichts; denn die Ministerialen schwören eandem formam.

[300]) Die Vereinigung v. 1259 (A. 272) geschieht ad pacem communem terre und ad communem tranquillitatem omnium, die v. 1361 (A. 298) umb des gemeinen landz beste willen (vgl. Ennen IV, S. 504). Auch in den bairischen Landfrieden (A. 297) ist von dem Interesse des Territoriums nicht die Rede.

Ausdruck³⁰⁰ᵃ) sie in der Stellung der Vasallen und Ministerialen als „Große" des Grafen zu sehen.³⁰⁰ᵇ) —- —

Fassen wir das gesagte zusammen, so haben wir zwei Genossen=
schaften: die Genossenschaft der Ministerialen, vor denen der Graf beim Beginn einer Fehde sich seinem Gegner gegenüber zu Recht erbot, und die aus den Vasallen und Ministerialen zusammengesetzte Genossenschaft der Großen, die er in wichtigeren Regierungsgeschäften anderer Art um ihren Rat fragte. Für keine von beiden war die Grundlage durch die Beziehung zum Territorium gegeben. Zur Befragung der zweiten war der Graf überdies nicht verpflichtet; vielmehr stand sie wesentlich in seinem Belieben. Es fehlen also die Eigenschaften, ohne welche eine landständische Verfassung nicht denkbar ist. Nun lassen sich aber betreffs des einen Momentes, des Mangels der Beziehung zum Territorium, die Mittel, die darin eine Umbildung herbeiführen mußten, im allgemeinen im voraus angeben. Es bedarf keiner weiteren Darlegung, daß die auf die Konsolidierung ihres Territoriums gerichtete intensive Arbeit der Landesherren hierfür in erster Linie in Betracht kommt. Daneben jedoch hatten auch einzelne, zufällige Ereignisse den Erfolg, die Zugehörigkeit zum Territorium den Insassen zum Bewußtsein zu bringen. Wie, wenn über den Besitz des Territoriums ein Streit entstand? Es ist klar, daß an der Erledigung einer solchen Frage die Insassen ein größeres Interesse hatten als die in fremden Territorien sitzenden Lehnsleute des bisherigen Besitzers. Deshalb steht es auch wol in einem inneren Zusammenhang, wenn gerade ein solcher Fall es ist, in welchem wir das einzige Mal in Berg eine Bezeichnung der Ministerialen nach dem Territorium finden.³⁰⁰ᶜ) ⁸⁰¹)

---

³⁰⁰ᵃ) S. die Reichssentenz v. 1231 in A. 252: meliores et maiores terre. Sie spricht allerdings von maiores terre. Indessen paßt das, wie in A. 281 bemerkt, auf die Kreise um die Grafen von Jülich und Berg nicht; für uns handelt es sich um maiores comitis. — Gleichbedeutend mit maiores sind die Ausdrücke honorati und capitanei: s. mein Wahlrecht der Domkapitel S. 8, S. 39 A. 4 u. S. 41 A. 4.

³⁰⁰ᵇ) Nachdem wir festgestellt haben, daß der aus den Vasallen und Ministerialen zusammengesetzten Genossenschaft die Beziehung zum Territorium fehlte, ist es überflüssig, daß wir uns noch um ihre weitere rechtliche Qualität kümmern. Es versteht sich übrigens von selbst, daß ihre Geschlossenheit keines=
wegs eine sehr feste war.

³⁰⁰ᶜ) Lac. II, 312: im J. 1247 legen der Erzb. v. Köln und 3 benachbarte Grafen den Streit zwischen der Gräfin Irmgard v. Berg und ihrem Sohn

Wir haben bisher, um die Untersuchung nicht zu unterbrechen, von der Erwähnung gewisser Personen, deren Zustimmung die Quellen auch erwähnen, abgesehen, nämlich der „Räte". Die so bezeichneten Personen waren, wie die Zeugenreihen in den betreffenden Urkunden und einige andere Nachrichten beweisen, jedenfalls auch Ministerialen. Aber es fragt sich, ob die „Räte" nicht einen engeren Kreis innerhalb derselben bildeten. Allerdings wird das Wort in späterer Zeit nachweislich neben der Verwendung zur Bezeichnung eines engeren Kreises auch ganz allgemein zur Bezeichnung aller derjenigen gebraucht, deren Rat der Landesherr einholt, und bedeutet sonach sowol die Gesamtheit der Stände[302] als auch einzelne Ständemitglieder;[303] um so mehr wird man geneigt sein, ihm diese weitere Bedeutung in unserer Periode zu geben. Indessen unverhältnismäßig häufiger ist doch in späterer Zeit die Verwendung zur Bezeichnung eines engeren Kreises, und zwar steht sie bereits für das 14. Jahrhundert fest. Denn erstens sind es meistens dieselben Personen, die im 14. Jahrhundert in den Urkunden als Räte aufgeführt werden.[304] Zweitens kommt bereits die dreiteilige Formel „Räte,

Adolf durch eine Theilung des Landes bei und erklären, falls ein Theil diesen Vertrag bricht, dem andern cum vasallis et ministerialibus comitatus de Monte Hülfe leisten zu wollen. Daß vasalli hier nur pleonastisch steht, ist nach unsern Ausführungen in Kap. I unzweifelhaft, sprachlich übrigens auch sehr gut möglich (vgl. z. B. Kremer III, 143: ministeriales, vasalli, homines; Forsch. XXIII, 97, A. 1).

[301] Es ist sehr bemerkenswert, daß in Östreich seit der Mitte des 13. Jh. — also gerade seit dem Erbfolgekrieg! — die Ministerialen nicht mehr ministeriales ducis, sondern ministeriales terrae oder Austriae heißen (Siegel 238).

[302] Lac. III, 621 (1361): der Hz. v. Jülich schließt einen Vertrag mit dem Rate seiner rittere, stede ind unser vrunde gemeinlich van unsem raide, was offenbar = Ritter, Städte und gemeine Landschaft ist. Vgl. über die Stelle Kap. III. — Auch nach Hegel, Gesch. d. mecklenburg. Landstände 105 bezeichnet in M. „Räte" sowol die gesamten Landstände als einen engeren Kreis (die komplicierte weitere Teilung, die H. macht, halte ich dagegen nicht für erwiesen). Ebenso in Lüneburg: prälaten, mannen und stede unses rades (Urk. v. 1471 bei Eichhorn III, S. 241), und in der Pfalz (v. Maurer, Fronhöfe II, 239).

[303] Lac. III, 766, S. 663 (1375): zu einem Schiedsgericht zwischen dem Hz. v. Jülich und andern Fürsten kiest jeder seiss geswoirenen van sinne raide; unter denen aus dem jülicher „Rat" befinden sich aber auch zwei Bürgermeister; Bürgermeister jedoch lassen sich sonst nie als Mitglieder des Rats im engeren Sinne nachweisen.

[304] Jülich: W. v. Breidenbent: Lac. III, 676, 766, 777, 794. Joh. v. Harve: 676, 677, 766, 777, 791. H. v. Lievendale: 766, 794 u. a. m.

Ritter und Städte" vor.³⁰⁵) Drittens findet sich die Bezeichnung „heimliche Räte", die vielleicht gerade im Gegensatz zu dem weiteren Begriff steht.³⁰⁶) Viertens ist wenigstens in Jülich von der Thätigkeit eines Rates in einer Weise die Rede, die wol nur auf einen engeren Kreis gehen kann.³⁰⁷) ³⁰⁷ᵃ) Für das 13. Jahrhundert läßt sich nun zwar die Existenz eines engeren Kreises nicht mit gleicher Evidenz nachweisen; man muß sie jedoch für nahezu gewiß halten, wenn einmal der Rat unserer Grafen mit dem kölnischen Stadtrat in Parallele gestellt wird.³⁰⁸)

Zwischen den Befugnissen des weiteren und denen des engeren Kreises ergibt sich eine genaue Grenzlinie in unserer Zeit am allerwenigsten,³⁰⁹) aber auch nicht in späterer Zeit: man kann nur sagen, daß die wichtigeren Sachen im allgemeinen mit dem weiteren Kreise verhandelt sein dürften.³¹⁰)

Wie bemerkt, sind die zu dem engeren Kreise gehörigen Personen in unserer Periode Ministerialen; und so ist es auch weiterhin

---

Berg: W. v. Hain: v. Lebebur, allg. Arch. IX, S. 282; Lac. III, 582, 634, 684. K. v. Elner: Lac. III, 582, 684, 903 (vrund). L. v. Roebe: 624, 933 u. a. m.

³⁰⁵) Jülich: Lac. III, 464, 834. Berg: Fahne, UB. d. Geschlechts St. v. Holstein 38. Vgl. Lac. III, 908 (1386): K. Wenzel schreibt an den Hz. v. Berg, ein Streit solle entschieden werden vor dir, deim rat und rittern (freilich keine heimische Quelle).

³⁰⁶) Für Jülich s. A. 307. Für Berg s. Kremer III, 252 (1324): Gf. Adolf läßt die Privilegien der Abtei Deutz per secretarios nostros inspici et examinari.

³⁰⁷) Gf. W. für d. Erbkämmerer (1331), §. 1: wan weir in unsen raide stain uns dirdmer of me, dat hei ungeheist darin gain moige. Rechte des Erbmarschalls, §. 2: he sal sin heimeliche rait ind mach gain ongeroiffen in allen rait sinen heren angaende. Lac. Arch. I, 392 u. 395.

³⁰⁷ᵃ) Ganz unzweifelhaft macht die Sache ein Zeugniß aus dem Anfang des 15. Jh.: Lac. IV, 16 (1402): der Gf. v. Cleve soll 5 nehmen uit rade ons herren v. Gulich, die nu ter tit sin raide sin.

³⁰⁸) Ennen II, 299 (1251). Vgl. oben A. 21. — Auch in andern Territorien gab es schon im 13. Jh. einen Rat i. e. S.: so in Östreich (Siegel 253), Meißen (Tittmann, Heinrich d. Erl. I, 99), Baiern (Riezler II, 174). Wenn freilich Lamprecht die Existenz eines Rats in Holland für das 13. Jh. beweisen will, so sollte er dafür nicht Stellen wie die Forschungen XXIII, 97 A. 1 beigebrachten anführen.

³⁰⁹) Das Priv. für Wipperfürth v. 1282 wird mit Zustimmung des weiteren, das v. 1347 mit der des engeren Kreises (s. A. 313) erteilt.

³¹⁰) Selbstverständlich ist, daß zu allen Dingen, die in die individuelle Rechtssphäre eingriffen, die Zustimmung des weiteren Kreises gehörte.

geblieben: regelmäßig sind die Räte Glieder der Ritterschaft.[311] Aber sie sind nie Beauftragte derselben gewesen, nie ein ständischer Ausschuß, wie nicht selten in andern Territorien;[312] vielmehr reine Beamte des Landesherrn. Darum schließen wir auch das Institut des Rates fortan von unserer Darstellung aus.

Ein Synonymon von „Rat" im engeren Sinne ist in späterer Zeit, wofür sich unzählige Belege erbringen ließen, der Ausdruck „Freunde", und zwar wird er in diesem Sinne in dreifacher Art gebraucht: entweder steht blos das Wort „Freunde" oder „Räte und Freunde" oder „Freunde von unserm Rate". Es wird möglich sein, daß „Freunde" auch in unserer Zeit schon so steht.[313] Daneben freilich hat der Ausdruck zu allen Zeiten noch eine sehr mannigfaltige andere auch über die weitere Bedeutung des Wortes „Rat" hinausgehende Verwendung gefunden.[314]

Von einer Zuziehung der Städte ist, wie erwähnt, in den Fällen, in denen die Genossenschaft der Großen zugezogen wird, noch nicht die Rede. Sollte sie nun auch einmal erfolgt und uns darüber nur die Nachricht verloren gegangen sein, so läßt sich doch soviel sagen, daß die Städte in dieser Periode jedenfalls nicht an jener Genossenschaft Anteil gehabt haben.[315] Freilich schließt das nicht aus, daß sie in anderer Weise auch schon vor der Konstituierung einer landständischen Verfassung zu einer genossenschaftlichen Verbindung für sich gelangt sind. Da nämlich

---

[311] Darauf, daß auch einige Glieder von benachbarten Dynastenhäusern und einige Geistliche, ferner seit dem 16. Jh. in' größerer Zahl Bürgerliche in den Rat treten, gehe ich hier nicht ein.

[312] Z. B. in Münster 1368, Kindlinger, münst. Beitr. I, 2, S. 30.

[313] Wipperfürth 1347 (s. A. 119) ist unter Zuziehung der amici erteilt. Dann heißt es am Ende der Urk., die Handlung sei geschehen mediante consilio von 4 Personen, die ihrem Charakter nach unzweifelhaft Räte sind. — In der Urk. v. 1262 in A. 282 (vgl. A. 265) steht dagegen „Freunde" gewiß nicht im engeren Sinne, da der engere Begriff nicht gut dem weiteren nachgesetzt werden kann.

[314] Von andern Bedeutungen (z. B. was besonders häufig, der von Kriegsgefährten: Lac. III, 1056) abgesehen, bemerke ich nur, daß die Formel „Räte, Ritterschaft und Städte" auch durch „Räte, Ritterschaft und Freunde" wiedergegeben wird. So heißt es Lac. IV, 151 (1423): rade, ritterschap ind vriende nabescreven, wo nachher Räte, Ritter und Städte genannt sind. 1478 werden Ritterschaft und Städte als „Freunde und Getreue" bezeichnet.

[315] Vgl. A. 260c.

Steuern von Städten nachweisbar³¹⁶) früher und häufiger als Steuern von Ritterbürtigen vorgekommen sind, so wäre es möglich, daß sich bereits in dieser Periode die Bewilligung von Steuern als ein Recht der Gesamtheit der Städte festgesetzt hat.³¹⁷) Das Motiv bei einer solchen Bewilligung dürfte nach dem ganzen Charakter, den diese Periode zeigt, nicht das Interesse des Landes, sondern das des Herrn gewesen sein.³¹⁸)

³¹⁶) S. Kap. III u. IV. Vgl. ferner die zahlreichen Beispiele von städtischen Steuern oben A. 156 mit den äußerst geringen Fällen von Steuern von Ritterbürtigen, die sich aus derselben Zeit erbringen lassen würden (vgl. A. 83).

³¹⁷) So verhält es sich in Cleve nach dem interessanten Priv. v. Ubenheim v. 1359 in A. 156.

³¹⁸) Vgl. das Priv. für Euskirchen v. 1302 (A. 119 u. 167), in dem sowohl die Steuer- wie die Kriegsdienstleistungen der Stadt als Leistungen für den Herrn, nicht für das Land erscheinen.

www.ingramcontent.com/pod-product-compliance
Lightning Source LLC
Chambersburg PA
CBHW020303090426
42735CB00009B/1209